suhrkamp taschenbuch
wissenschaft 709

Erst unter dem Einfluß von Gruppenpsychotherapie und Gruppendynamik, Kommunikations-, Interaktions- und Rollentheorie waren auch psychoanalytisch arbeitende Forscher und Praktiker in der Lage, die interaktionell organisierten Abwehrformen aufzudecken und in die praktische therapeutische Arbeit einzubeziehen. Verhaltensweisen, Handlungen und Reaktionen eines Partners ermöglichen, fordern und stabilisieren die neurotische Konfliktabwehr des anderen Partners. Oft ist der Vorgang reziprok, so daß auch die Abwehr des ersten Partners durch den zweiten gefestigt wird.
Ähnliches gilt auch für die institutionalisierten Formen der psychosozialen Abwehr, die im zweiten Teil dieses Buches beschrieben werden. Institutionen erfüllen zwar vital wichtige Funktionen und sind fürs Überleben und eine differenzierte Entwicklung unerläßlich: gerade dadurch sind sie aber oft besonders dazu geeignet, in den Dienst der neurotischen Abwehr gestellt zu werden. Auch hier besteht das Grundprinzip in einer Erhärtung, Sicherung und Festigung der intrapsychischen Abwehr durch ihre Verankerung in der Realität.
Die Taschenbuchausgabe wurde gegenüber der Erstausgabe von 1976 um zwei Kapitel erweitert: eins über die Kulturtheorie und ein zweites über die psychosoziale Funktion des Krieges.

Stavros Mentzos

Interpersonale und institutionalisierte Abwehr

Erweiterte Neuausgabe

Suhrkamp

Bibliografische Information der Deutschen Nationalbibliothek
Die Deutsche Nationalbibliothek verzeichnet diese Publikation
in der Deutschen Nationalbibliografie;
detaillierte bibliografische Daten sind im Internet über
http://dnb.d-nb.de abrufbar.

8. Auflage 2016

Erste Auflage 1988
suhrkamp taschenbuch wissenschaft 709

Printed in Germany
Umschlag nach Entwürfen von
Willy Fleckhaus und Rolf Staudt
ISBN 978-3-518-28309-7

Inhalt

Zweiter Teil

Dritter Teil

Vierter Teil

Vorwort

Jeder Psychotherapeut kennt die Situation: Der Patient hat Schwierigkeiten, sein offensichtlich neurotisches Verhalten als solches zu erkennen, weil die reale, soziale Realität des Patienten dieses Verhalten geradezu zu rechtfertigen scheint. Deutet man z. B. einem Mann seine betont beherrschte, übertrieben sachliche und fast unnatürlich »neutrale« Haltung seiner Frau gegenüber als eine Schutzmaßnahme vor eigenen Gefühlen und emotionalen Bedürfnissen (vor denen er Angst habe), so antwortet er mit einer gewissen Berechtigung, daß er nicht anders handeln könne. Seine Frau sei in einem solchen Ausmaß labil, unsachlich »emotional«, unbeherrscht, daß jemand für das Gegengewicht, für Ordnung, Sicherheit und Stabilität sorgen müsse.
Je mehr diese Schilderung der Ehefrau der Realität entspricht, desto schwieriger wird es für diesen Mann sein, sich der eigenen neurotischen Abwehr bewußt zu werden. Des Rätsels Lösung ist indessen relativ einfach. Sowohl der Therapeut mit seiner Vermutung als auch der Patient mit seiner Behauptung haben recht. Es ist tatsächlich so, daß der Patient versucht, eigene Gefühlsregungen abzuwehren. Aber notwendig ist die Art seines Verhaltens unter den gegebenen Umständen auch. Seine neurotische Abwehr ist sozusagen in der Realität verankert, sie ist interaktionell organisiert. Ähnliche Konstellationen lassen sich nun nicht nur bei Zweierbeziehungen beobachten; sie sind auch in formellen und informellen Gruppen, in Institutionen, kurz, in allen sozialen Systemen wirksam.

Das ist das Thema dieses Buches, dessen Idee ursprünglich aus Gesprächen mit Patienten entstanden ist, die in solchen psychosozialen Abwehrkonstellationen – in solchen fatalen Zirkeln – keinen Ausweg mehr fanden. An erster Stelle möchte ich mich bei meinen Patienten bedanken, die mich immer wieder aus meiner individual-psychologischen Manier und Einseitigkeit herausgerissen und mich auf die psychosoziale Realität aufmerksam gemacht haben. Besonders bedanken möchte ich mich auch bei Frau Ilse Grubrich-Simitis für ihre unermüdlichen Bemühungen bei der Durchsicht des Manuskripts und für ihre vielen wertvollen

Anregungen. Schließlich gilt mein Dank auch Frau Deichmann für ihre Bemühungen bei den schriftlichen Arbeiten und den wiederholten Korrekturen.

Frankfurt am Main, im August 1976 *Stavros Mentzos*

Vorwort zur erweiterten Neuausgabe

In dieser erweiterten Neuausgabe ist der ursprüngliche Text unverändert geblieben. Das Buch wurde aber durch zwei neue, ausführliche Kapitel (die Kapitel VI und VII, die den Vierten Teil des Buches ausmachen) ergänzt. Der Verzicht auf eine Neuanpassung und Modernisierung des alten Textes findet seine Berechtigung in der Überlegung, daß es vielleicht interessant sein dürfte, die damalige Darstellung des Modells der »institutionalisierten Abwehr« mit seiner heutigen Anwendung zu vergleichen und somit die Entwicklung nachzuvollziehen, die zum heutigen Verständnis geführt hat.

Dieses Modell impliziert die Grundannahme, daß die individuellen neurotischen Konflikte, Ängste und Schuldgefühle usw. ein neurotisches psychosoziales Arrangement mit der Institution eingehen. Es findet also eine *Verzahnung* zwischen dem individuellen Bedürfnis nach Entlastung von neurotischen Spannungen, Ängsten und Konflikten des einzelnen und bestimmten, dazu komplementären »Angeboten« der Institutionen statt.

Existenz und Herkunft dieses individuellen neurotischen Potentials, die Frage also nach der Ursache für diese neurotischen Spannungen, Ängste usw. wurde im ursprünglichen Text überhaupt nicht diskutiert. Auch die damit zusammenhängenden Aspekte der psychoanalytischen »Kulturtheorie« blieben in der ersten Auflage des Buches unerwähnt. Diese beiden Versäumnisse hole ich nun im neuen Kapitel VI nach. In bezug auf die Kulturtheorie geschieht dies allerdings in der Form von vorläufigen und skizzenhaften Entwürfen, weil eine ausführliche systematische Darstellung des Themas einer gesonderten Monographie vorbehalten bleibt. Gleiches gilt auch für den Inhalt des zweiten neuen Kapitels (VII). Es beinhaltet den Versuch der praktischen Anwendung des Modells zur Erfassung der Dynamik des Krieges. Die in ihm enthaltene Diskussion der psychosozialen »Funktionen« des Krieges beschränkt sich auf das Wesentliche. Eine detaillierte und systematische Darstellung des Themas wird später in einem in Vorbereitung befindlichen Buch vorgenommen. Schließlich enthalten beide Kapitel kurze neue Beiträge über die Aggressionstheorie sowie über die Frage der Beziehungen des ursprünglichen Grundkonfliktes (Autonomie versus Bindung) zum sozialen Konflikt.

Herzlichst möchte ich mich an dieser Stelle bei Frau Dr. Evemarie Siebecke-Giese bedanken für ihre Bemühungen bei der kritischen Durchsicht (inhaltlich und sprachlich) des Textes der beiden neuen Kapitel. Bei Frau Gudrun Völker bedanke ich mich für ihre unermüdlichen Bemühungen bei den Schreibarbeiten.

Frankfurt am Main, im April 1987 *Stavros Mentzos*

Einführung

1. Die intrapsychischen (individuellen) Abwehrmechanismen

Das psychoanalytische Konzept der Abwehrmechanismen des Ich läßt sich vielleicht am besten an einem einfachen klinischen Beispiel erläutern:

Eine 40jährige Frau sucht psychotherapeutische Hilfe, weil sie seit einigen Monaten bemerkenswerte Ängste entwickelt hat, die eine erhebliche Behinderung in der Ausübung ihres Berufes bedeuten. Ihre Tätigkeit verlangt, daß sie längere Fahrten erledigt; seit Jahren ist sie gewohnt, mehrmals in der Woche mit ihrem Auto unterwegs zu sein. Seit einigen Monaten aber hat sie große Schwierigkeiten, über Autobahnbrücken zu fahren, ohne akute Angst zu bekommen. Diese besondere Form einer »Brückenphobie« trat erstmals während einer Fahrt auf, bei der diese Frau ihre Schwiegermutter von einem bestimmten Ort nach Hause fahren und dabei eine brückenreiche Autobahnstrecke benutzen mußte. Seitdem hat sich dieses Symptom so gefestigt und intensiviert, daß sie nicht mehr ohne weiteres auf der Autobahn fahren kann. Sie muß sich komplizierte Umleitungen ausdenken, um alle »gefährlichen« Stellen, nämlich größere Brücken, zu vermeiden.

In den ersten beiden psychotherapeutischen Gesprächen wird ihr und dem Therapeuten deutlich, daß sie eigentlich nicht vor der Brücke als solcher Angst hat, sondern vor der Möglichkeit, sie könnte, während sie über eine Brücke fährt, die Kontrolle über das Steuer verlieren, oder, genauer gesagt, vielleicht ungewollt das Steuer nach links oder rechts reißen und in die Tiefe stürzen.

Sie meint zwar, daß all diese Gedanken und Befürchtungen unsinnig und unbegründet seien, kann sich aber nicht helfen. Die Angst beim Fahren über eine Autobahnbrücke ist nicht zu bezwingen.

Nach einem zusätzlichen Stück analytischer Arbeit stellt sich heraus, daß sie ein gespanntes Verhältnis zu ihrer Schwiegermutter hat und in der Zeit vor dieser Fahrt, auf welcher die Angst erstmals auftrat, große Mühe hatte, aggressive Gedanken und Impulse gegen die alte Dame zu unterdrücken, obwohl sie daneben weiterhin auch positive Gefühle für sie empfand. Schließlich zeigte sich noch später, daß der Konflikt mit der Schwiegermutter in vieler Hinsicht an den Konflikt mit der eigenen Mutter erinnerte, zu der sie ein besonders ambivalentes Verhältnis hatte.

Dieses Beispiel verdeutlicht die Vorgänge bei der Entstehung eines neurotischen Symptoms infolge neurotischer Bearbeitung eines Konflikts mit Hilfe von *Abwehrmechanismen*. Der Ambivalenzkonflikt mit der Mutter, der in der Beziehung zur Schwiegermutter wiederbelebt wurde, erzeugte eine solch unerträgliche intrapsychische Spannung, daß er verdrängt werden mußte. Insbesondere die aggressiven Anteile, die, wie aus freien Einfällen und Traummaterial hervorging, bis zu versteckten Todeswünschen reichten, mußten auf jeden Fall dem Bewußtsein entzogen werden. Trotzdem blieb aber eine Angst zurück, offenbar die Angst, die aggressiven Impulse könnten doch durchbrechen und zu katastrophalem, unkontrollierbarem Verhalten führen.

Aber auch diese, die eigentliche Angstquelle war infolge der eingetretenen *Verschiebung* unsichtbar geworden. Auf der bewußten Ebene ging es jetzt nicht mehr um gefährliche Gefühle und Impulse und ihre Steuerung, sondern um die Steuerung eines Autos. Nicht die evtl. unkontrollierbare Aggressivität wurde als Gefahr erlebt, sondern die Möglichkeit, das Auto in den Abgrund zu chauffieren. Ein letzter Verarbeitungsschritt brachte schließlich sogar noch diesen Inhalt zum Verschwinden. Im Bewußtsein war nunmehr nur eine sinnlose, dafür aber um so hartnäckigere »Brückenphobie« wahrnehmbar.

Eine Reihe von solchen Phobien, wie Straßenangst, Höhenangst, die verschiedenen Tierphobien usw., läßt sich im Rahmen der psychoanalytischen Theorie mit der Annahme des hypothetischen Konstrukts eines »Abwehrmechanismus« der »Verschiebung« verstehen:

Die zunächst konfliktbezogene Angst, etwa die Angst, von eigenen Triebimpulsen überwältigt zu werden und die Kontrolle über sich zu verlieren, wird auf eine relativ harmlose Situation oder einen vergleichsweise beiläufigen Gegenstand verschoben; die eigentliche Angstquelle und der damit verbundene Konflikt werden dadurch der Wahrnehmung entzogen, dem Bewußtsein ferngehalten. In ähnlicher Weise lassen sich ähnliche Vorgänge und Phänomene mit der Annahme anderer hypothetischer Konstrukte, anderer »Abwehrmechanismen«, zum Beispiel der Pro-

jektion, der Affektisolierung, der Rationalisierung usw., begreifen.
Durch solche »Mechanismen« (der Terminus deutet das Automatisch-Stereotype solcher Reaktionsmuster an) wird das Ich vor Unlust, Schuldgefühl, Scham und – insbesondere – vor Angst »geschützt« (deswegen auch die Bezeichnung Abwehr), und zwar einmal dadurch, daß die entsprechenden Inhalte und die damit zusammenhängenden Gefühle vom Bewußtsein ferngehalten werden; zum zweiten aber gelingt mit Hilfe dieser Mechanismen oft auch eine indirekte Abfuhr, Entladung, Befriedigung.
Dieser »Schutz« und diese »Befriedigung« stellen freilich zweideutige, neurotische Pseudolösungen dar, die auf Dauer zu Komplikationen führen müssen. Gleichwohl werden sie im Rahmen neurotischen Verhaltens bevorzugt, weil sie zunächst eine schnelle Linderung der inneren Spannung verschaffen.
Die Theorie der Abwehrmechanismen des Ich hat sich als eines der stabilsten, fruchtbarsten und auch weiterhin akzeptierten[1] psychoanalytischen Konzepte erwiesen. Diese breite Anerkennung ist sehr wahrscheinlich auf die Tatsache zurückzuführen, daß dieses Konzept auf relativ kliniknahen Beobachtungen basiert und daß man mit seiner Hilfe eine Fülle von Besonderheiten im Erleben und Verhalten einheitlich und befriedigend beschreiben sowie dynamisch verstehen kann.

2. Die interpersonalen Abwehrkonstellationen

Nun geht es bei den eben besprochenen Abwehrmechanismen um Vorgänge, die sich im Individuum selbst abspielen und sich auch ausschließlich auf das Individualpsychologische beschränken. Zwar findet im konkreten Fall der »Verschiebung« bei den Phobien eine Quasi-Externalisierung (Versetzung nach außen) der Angstquelle statt; im wesentlichen geht es jedoch um intrapsychische und auf jeden Fall das Individuelle nicht überschreitende Vorgänge.
Je mehr man aber im Laufe der letzten Jahre begann, die isolierte Betrachtung des individuell Intrapsychischen durch eine interaktionelle Sichtweise zu ergänzen, desto deutlicher wurde die Wichtigkeit anderer, besonderer, im zwischenmenschlichen Bereich entstehender Abwehrprozesse, die man *interpersonale Abwehr-*

konstellationen nennen könnte. Zwar haben schon Sigmund Freud und die Psychoanalytiker der ersten Generation solche Phänomene spätestens zu dem Zeitpunkt entdeckt, beschrieben und für das Verständnis des psychoanalytischen Prozesses nutzbar gemacht, als das Übertragungsgeschehen die Aufmerksamkeit zu fesseln begann. Auch die Überlegungen und Beiträge Freuds zur Massenpsychologie (1921) implizieren solche Abwehrvorgänge im psychosozialen Feld. Im wesentlichen jedoch sind die intrapsychischen Aspekte der neurotischen Abwehr weiterhin im Vordergrund des Interesses geblieben. Nur vereinzelt und mehr am Rande, zum Beispiel bei Untersuchungen zur Partnerwahl oder bei der Betrachtung des Zusammenspiels zwischen Übertragung und Gegenübertragung, wurde auch den interpersonalen Abwehrkonstellationen besondere Aufmerksamkeit gewidmet.

Erst unter dem Einfluß der sich rascher verbreiternden Gruppenpsychotherapie und Gruppendynamik, der Kommunikations-, Interaktions- und Rollentheorie waren auch psychoanalytisch arbeitende Forscher und Praktiker in der Lage, in zunehmendem Maße die interaktionell organisierten, psychosozialen Abwehrformen aufzudecken und in die praktische therapeutische Arbeit einzubeziehen. Während jedoch die intrapsychischen Abwehrformen bereits mehrfach in systematischen Darstellungen definiert, kategorisiert, nach psychodynamischer Struktur und Funktion dargestellt wurden (zum Beispiel schon 1936 durch Anna Freud), sind ähnliche Versuche zu einer Systematik der interpersonalen Abwehrkonstellationen relativ selten geblieben. Immerhin hat Laing mehrere Typen pathologischer Interaktionstypen und einige der uns hier interessierenden Prozesse bei schizophrenen Patienten überzeugend beschrieben. Ähnliche Phänomene werden in Arbeiten auf dem Gebiet der Schizophrenie – Familienforschung – geschildert (Lidz, Wynne, Bateson usw., siehe zusammenfassende Darstellung unter Bateson u. a., 1974). Wie Laing beschäftigt sich auch Edith Jacobson (1972) mit Abwehrprozessen dieser Art bei Patienten im Intervall zwischen psychotischen Episoden.

Auf der anderen Seite wurden solche Phänomene bei Neurotikern oder »Normalen« im Rahmen der Transaktionsanalyse (Berne, 1967) etwas systematischer abgehandelt. Darüber hinaus scheinen moderne Sozialpsychologen wie z. B. Max Pagès (1974) sich seit einigen Jahren intensiv für dieses Gebiet zu interessieren.

Schließlich sind hier die exemplarischen Untersuchungen und Zusammenstellungen von Richter (1963 und 1970) besonders zu erwähnen, bei denen zum ersten Mal im deutschsprachigen Raum der Versuch einer Typologie psychosozialer Abwehrmechanismen unternommen wird.

Welch immense Rolle interpersonale Abwehrkonstellationen im Leben des neurotischen und psychotischen Patienten spielen, wurde mir während der psychotherapeutischen Tätigkeit in Einzel- und Gruppentherapien immer deutlicher. Im Verlauf meiner Bemühungen, diese Vorgänge systematisch zu beobachten, nach gewissen Gesichtspunkten zu ordnen und in ihren Beziehungen zu den intrapsychischen Abwehrmechanismen zu untersuchen, zeigte sich darüber hinaus jedoch, daß sie auch im Leben sog. »Normaler« von zentraler Bedeutung sind, ja, daß sie sogar in der Dynamik vieler Gruppen und Institutionen eine Schlüsselposition einnehmen.

Erster Teil

I. Das Konzept der interpersonalen Abwehr

Dem Versuch einer ersten Definition der interpersonalen Abwehr sollen drei kurze Beispiele vorangestellt werden, die einige wichtige Aspekte dieses Konzeptes veranschaulichen.

1. Drei Beispiele

a) Stabilisierung des einen durch Abhängigkeit des anderen

Eine 32jährige verheiratete Frau neigte seit Jahren zu neurotischen Depressionen und war gelegentlich schon früher deswegen in nervenärztlicher Behandlung gewesen. Seit eineinhalb Jahren hatte sich eine Verschlechterung mit Zunahme von Intensität und Häufigkeit der depressiven Verstimmungen ergeben. Die Patientin quälte sich von einem Selbstmordversuch zum nächsten, verlor Mut und Lebenslust, zog sich weitgehend zurück und wurde in einem extremen Maße von ihrem Mann abhängig, der seinerseits in rührender Weise sich um sie kümmerte, ihr tagelang gut zusprach und nächtelang auf sie aufpaßte. Obgleich selbst keineswegs besonders stabil und selbstsicher, bewies er doch während der ganzen Zeitspanne ein erstaunliches Durchhaltevermögen und war mit Ausnahme kurzfristiger Erschöpfungszustände (die wegen der doppelten Belastung durch Beruf und Erkrankung der Frau objektiv begründet waren) in einer guten und für seine Verhältnisse ausgeglichenen Verfassung.
Die psychotherapeutische Behandlung der Patientin machte langsame, aber konstante Fortschritte; nach ca. einem Jahr konnte sie ihre regressive Fluchtbewegung, die Selbstmordabsichten und die anklammernden weinerlichen Dekompensationen aufgeben, um allmählich selbstbewußt und optimistisch in ihr eigentliches Leben zurückzukehren. Gerade zu diesem Zeitpunkt geriet nun aber der Ehemann in eine Krise: Er verlor zunehmend seine Selbstsicherheit, wurde mit seiner Arbeit nicht fertig, er dachte an Flucht oder sogar Selbstmord, frühe Zweifel an seiner Männlich-

keit wurden wieder akut. Die Diskrepanz im Vergleich zum Zustand davor sowie die enge zeitliche Verknüpfung mit der Besserung im Befinden seiner Frau waren so eindeutig und frappant, daß hier ein Zusammenhang zu vermuten war. Die weitere gemeinsame Analyse zeigte nicht nur, daß er offenbar erst jetzt, da seine Frau einigermaßen gesund wurde, seine eigenen Dekompensationen haben »durfte«. Vielmehr stellte sich heraus, daß er überdies die Schwäche, Abhängigkeit und Anklammerung seiner Frau zur eigenen Stabilisierung brauchte.

b) Das re-externalisierte Über-Ich

Eine 35jährige Frau kam in die Behandlung wegen »Depressionen« und einer unangenehmen Rötung im Gesicht in bestimmten Situationen (Erythrophobie). Bald zeigte sich, daß ihr Hauptproblem in einer ausgesprochenen Tendenz bestand, sich für angeblich begangene »Sünden« schuldig zu fühlen; in Zusammenhang damit wurde sie auch tatsächlich gelegentlich rot im Gesicht.
Sie grübelte tage- und monatelang darüber, ob sie ihrem Mann auch tatsächlich »alles« erzählt habe, dabei handelte es sich meistens um relativ harmlose voreheliche Begegnungen mit anderen Männern, die noch dazu fünfzehn oder mehr Jahre zurücklagen! Die Patientin sah teilweise ein, daß ihre Befürchtungen unbegründet und übertrieben waren, sie war aber nicht in der Lage, dem Zwang zu widerstehen. Vom Gesichtspunkt des Intrapsychischen aus gesehen, war es klar, daß die Patientin durch diese Symptomatik ihre Schuldgefühle auf relativ harmlose und zeitlich weit zurückliegende Begebenheiten verschob und auf diese Weise sich von anderen »Schuldquellen« ablenkte.
Bemerkenswert war nun aber, daß diese detaillierten Beicht-Erzählungen meistens auf Aufforderungen des Ehemannes stattfanden, der seinerseits ein großes, ja übertriebenes Bedürfnis nach solchen Geständnissen zeigte und seiner Frau – deren Erwartungen durchaus entsprechend – ebenfalls unbegründete und übertriebene Vorwürfe wegen des Vergangenen machte. Es wurde bald deutlich, daß bei der Partnerwahl diese eben geschilderte Tendenz des Ehemannes unbewußt eine große Rolle bei der Patientin gespielt haben muß, so daß sie sich unter zwei oder drei »Bewerbern« offenbar gerade denjenigen ausgesucht hatte, der sie

am strengsten behandelte, der sie ständig – bis heute – wegen ihres spontan-impulsiven Wesens kritisierte und sie überhaupt unter Kontrolle zu halten und zu dirigieren versuchte. Auch wenn sie sich darüber gelegentlich beklagte und ihr Recht auf ein autonomes und freies Leben zu formulieren versuchte, so zeigte sich immer wieder, daß sie auf diese ständige Kritik, die Vorwürfe und das Kleingemachtwerden sozusagen angewiesen war. Sie selbst arbeitete gleichsam daran mit, indem sie durch ein ständiges understatement sich als ungebildet, versagend, unintelligent usw. darstellte.

Dem Bedürfnis der Patientin nach Selbstbestrafung und vernichtender Selbstkritik entsprach ein offensichtlich neurotisches Bedürfnis des Ehemannes, die Patientin wegen ihrer tatsächlichen oder angeblichen Impulsivität zu kritisieren und wegen ihrer »Sünden« zur Rechenschaft zu ziehen.

Es ist also zu vermuten, daß durch die Partnerwahl ein unausgesprochenes Arrangement hergestellt worden war, welches durch die implizierte Komplementarität zur Aufrechterhaltung eines neurotischen Gleichgewichtes beitrug. Tatsächlich führte eine Besserung des Zustandes der Patientin im Laufe der Behandlung wie im zuerst erwähnten Fall auch hier dazu, daß nunmehr der Ehemann sich verunsichert fühlte, wodurch das Gleichgewicht der Ehe eine Zeitlang ins Wanken geriet.

c) Eine Mutter, die unbedingt eine Tochter braucht

Eine 30jährige Frau wird vom Frauenarzt dem Psychotherapeuten überwiesen, da sie gleich nach der Geburt ihres ersten Sohnes ein ausgeprägtes depressives Bild entwickelte. Dem behandelnden Arzt fiel u. a. auf, daß die Patientin große Schwierigkeiten hatte, ihre offensichtliche Abneigung und Ablehnung dem Neugeborenen gegenüber zu verbergen.

Schon beim ersten psychotherapeutischen Gespräch zeigte sich, daß die Patientin tatsächlich fest an die Geburt einer Tochter geglaubt und sich darauf eingestellt hatte, Mutter eines weiblichen Kindes zu werden. Die Geburt eines Sohnes kam für sie so überraschend, daß sie zunächst nicht einmal einen Namen für ihn bereit hatte. Neben dieser schweren Enttäuschung wurde sie jetzt auch von quälenden Schuldgefühlen ihrem kleinen Sohn gegen über geplagt, sie konnte sich selbst nicht verstehen: Sie wisse doch, daß andere Mütter enttäuscht seien, wenn sie ein Mädchen und keinen Jungen bekämen. Erst im Verlauf der kurzen psychotherapeutischen Behandlung wurden die Zusammenhänge deutlich.

Die Patientin, die eine nur schwache Erinnerung an ihre Kindheit hatte, wußte, daß ihre Beziehung zur Mutter zumindest in der Zeit, an die sie sich erinnern konnte, schlecht war. Die Patientin, die jetzt als erwachsene berufstätige Frau ausgesprochen energisch, aktiv, erfolgreich, fast forsch war, hatte offenbar frühere Frustrationen sowie Geborgenheits- und Abhängigkeitswünsche durch ein ausgeprägt knabenhaftes, später aktives, sogenanntes »männliches« Verhalten überkompensiert, zumal sie sich ihrem Bruder gegenüber benachteiligt und eben als Mädchen schlechter behandelt gefühlt hatte. Darüber hinaus konnte sie aber einen Teil dieser ihrer Wünsche in einer Freundschaft zu einem Mädchen befriedigen. Dies geschah in einer Weise, die an den von Paul Federn beschriebenen Vorgang der »teilnehmenden Identifizierung« (zitiert bei Anna Freud) erinnert: Die Patientin machte dieses Mädchen sozusagen zu ihrer Tochter und ließ ihr die Liebe und Zärtlichkeit angedeihen, die sich die Patientin früher selbst von ihrer Mutter gewünscht hatte. Diese Bindung wurde zu dem Zeitpunkt problematisch, als diese Freundin heiratete. Nach einer Zeit starker Ambivalenz und Schwankungen trennten sich die Freundinnen; später aber, also auch während der Schwangerschaft der Patientin, wurde diese Freundschaft wieder reaktiviert. Die Patientin erinnerte sich nun in der Behandlung plötzlich daran, sie hätte sich während ihrer Schwangerschaft bei dem Gedanken ertappt, daß sie jetzt, da sie ohnehin eine Tochter bekomme, endgültig mit der Freundin Schluß machen könne. Die zu erwartende Tochter würde die Funktion der Freundin innerhalb des Arrangements der teilnehmenden Identifizierung übernehmen.

Dieser Zusammenhang war ihr bis dahin nicht bewußt gewesen. In dem Moment, als ihr diese Konstellation klarwurde, konnte sie plötzlich ihre große Enttäuschung bei der Geburt ihres Sohnes und ihre Abneigung gegen ihn verstehen; sie war überdies in der Lage, diese Enttäuschung definitiv zu verarbeiten und eine positive Beziehung zu ihrem Kind aufzubauen.

Zusammenfassung

In den geschilderten drei Beispielen werden Interaktionsformen deutlich, die vom Gesichtspunkt des psychoökonomischen Gleichgewichts des einzelnen mit guten Gründen *Abwehrmechanismen* genannt werden können, da sie – genau wie im Falle der intrapsychischen Abwehrmechanismen – Versuche einer neurotischen Konfliktlösung und einer kompromißhaften Bedürfnisbefriedigung sind.

Im ersten Fall stabilisiert sich der selbstunsichere Ehemann vorübergehend mittels seiner Helferfunktion; die Ehefrau konnte ihrerseits ihre regressiven Abhängigkeitsbedürfnisse zunächst in einer fast symbiotischen Beziehung stillen.

Im zweiten Fall verschafft sich die Ehefrau durch eine geeignete Partnerwahl ein externalisiertes, ständig tätiges strafendes Über-Ich und erspart sich womöglich dadurch eine andernfalls wahrscheinlich unvermeidbare zwangsneurotische Symptomatik.

So wie es nicht zufällig war, daß diese Frau mit den vielen Verehrern unter drei Bewerbern gerade diesen Mann wählte, so war es wahrscheinlich nicht von ungefähr, daß er gerade diese Frau geheiratet hat: Er – ein leistungsbezogener, fleißiger, aggressionsgehemmter Mann mit leichten zwangsneurotischen Zügen und einer Unfähigkeit, Gefühle auszudrücken – fühlte sich zu dieser Frau offensichtlich deshalb hingezogen, weil er, vermittels der eben schon erwähnten teilnehmenden Identifizierung, mit ihr gleichsam »unter der Hand« all das miterleben konnte, was er nicht selbst erleben durfte und zum Teil wohl auch nicht zu erleben vermochte, nämlich Lebhaftigkeit, Leichtsinn, Redseligkeit, Launenhaftigkeit, Impulsivität usw. Zum zweiten konnte er gleichzeitig diese Eigenschaften bei seiner Frau verurteilen und kritisieren und somit mit seinem eigenen Über-Ich sich in Einklang fühlen.

Schließlich haben im dritten Fall die Patientin und ihre frühere Freundin ihre Bedürfnisse nach einer Ersatzmutter in einer jeweils anderen und somit komplementären Art befriedigt. Die Freundin tat dies, indem sie die Patientin als einen Mutter-Ersatz erlebte, während die Patientin ihre eigenen Abhängigkeitswünsche erfüllte, indem sie die Freundin wie eine geliebte Tochter behandelte und wiederum mittels einer teilnehmenden Identifizierung an deren Befriedigung partizipierte. Ihr schwebte sogar halbbewußt vor, ein solches Arrangement in vollendeter Form mit der von ihr erwarteten Tochter zu verwirklichen. Als die Geburt des Sohnes diese Phantasie vereitelte, kam es zu der eindrucksvollen und völlig unerwarteten Krise.

2. Interpersonale Abwehr – eine erste Definition

Als interpersonale Abwehrkonstellationen bezeichnen wir solche interaktional organisierten Formen der Abwehr, bei denen reale Verhaltensweisen, Eigenschaften, Handlungen und Reaktionen des einen Partners die neurotische Konfliktabwehr oder die neurotische kompromißhafte Befriedigung von Bedürfnissen des anderen Partners ermöglichen, fördern und stabilisieren. Oft ist der Vorgang reziprok, so daß nun auch die Abwehr des ersten Partners durch den zweiten gefestigt wird. Dies setzt freilich eine Komplementarität neurotischer Verhaltensweisen voraus, die schon spontan keineswegs selten ist, die aber häufiger noch durch Rollenzuweisung, Delegation, unbewußte Verführungen und Provokationen sekundär (unbewußt-manipulativ) hergestellt werden kann. Solche komplementären interpersonalen Abwehrkonstellationen besitzen natürlich eine besondere Stabilität.
In Unterscheidung von den *intrapsychischen* Abwehrmechanismen ist für die interpersonalen Abwehrkonstellationen charakteristisch, daß hier der Partner nicht nur als eine psychische Repräsentanz[2], sondern als reale Person mit realem Verhalten in die Abwehrorganisation eingebaut ist.
Der Terminus interpersonale Abwehr wird abgeleitet aus der in der Sozialpsychologie üblichen Bezeichnung »interpersonale Kommunikation«.
Den Terminus Abwehr*konstellation* finde ich wiederum besser als Abwehrmechanismus, weil es sich hier nicht nur um Ich-Mechanismen oder Ich-Funktionen, sondern um interaktional ad hoc jeweils neu entstehende kommunikative Konstellationen oder Rollensysteme handelt.
Der Terminus »psychosoziale Abwehrmechanismen« wiederum, der von Richter im deutschsprachigen Raum eingeführt wurde und auch in dem kürzlich erschienenen Gegenstandskatalog für die zweite ärztliche Prüfung auftaucht, erscheint mir als Oberbegriff besser geeignet: Neben den interpersonalen Abwehrkonstel-

lationen im engeren Sinne ließen sich auch andere Abwehrformen aufzählen, die ebenfalls die Bezeichnung »psychosozial« verdienen, so zum Beispiel Rituale, Mythen, Magien, überhaupt formelle oder informelle institutionalisierte Verhaltensmuster als fertige Angebote eines Abwehrverhaltens. (Diese werden uns in eigenen Kapiteln ausführlicher beschäftigen.) Es empfiehlt sich also, den Terminus psychosoziale Abwehr als Oberbegriff für die interpersonalen und die institutionalisierten Abwehrkonstellationen zu benutzen.

3. Abgrenzung gegenüber der individuell-intrapsychischen Abwehr

Auch bei intrapsychischen Abwehrmechanismen (etwa bei der Projektion, der Identifikation usw.) sind oft Beziehungspersonen involviert.
So steigert sich der eine Patient in den projektiven Wahn hinein, von einer bestimmten Person verfolgt zu werden; ein anderer Patient identifiziert sich mit dem Angreifer (Anna Freud, 1936). Woher also die Berechtigung, für die interpersonalen Abwehrkonstellationen einen grundlegenden Unterschied zu postulieren und eine neue, besondere Art von Abwehrprozessen abzugrenzen?
Der Unterschied ist schon in der oben gegebenen kurzen Definition angedeutet; er soll hier weiter erläutert werden. Bei denjenigen intrapsychischen Abwehrmechanismen, bei denen auch Beziehungspersonen eine Rolle spielen, arbeitet der Abwehrprozeß mit »Manipulationen« der Objektrepräsentanzen; es handelt sich also um rein intrapsychische Vorgänge. Dagegen werden bei den interpersonalen Abwehrkonstellationen die realen »Objekte« (Beziehungspersonen) entweder so gewählt, daß sie die entsprechende Funktion in der Abwehrformation tatsächlich übernehmen, oder sie werden dazu gebracht, dies zu tun, also in diese Richtung, etwa durch Rollenzuweisung, manipuliert. Die Partner, die »Objekte«, gehen als *reale, faktisch* wirksame Komponenten und nicht nur als im Ich des Betreffenden lokalisierte Repräsentanzen in die Abwehrkonstellation ein. Der Patient, der sozusagen »nur intrapsychisch« projiziert, ist z. B. der Überzeugung, daß man ihn ständig schikaniert. Dagegen sucht sich der

Patient, der diese seine Projektion durch eine korrespondierende, interpersonale Abwehrkonstellation ersetzt, Menschen, die ihm *de facto* übelwollen oder ein neurotisches Bedürfnis haben, ihn *tatsächlich* zu schikanieren, oder die er so weit provoziert, daß sie ihn *realiter* verfolgen. Er hat damit die Verfolgung erhalten, die er aus bestimmten psychopathologischen Gründen für sein psychoökonomisches Gleichgewicht nötig hat, ohne – wie der Patient mit der pathologischen paranoischen Reaktion – gezwungen zu sein, die Realität grob zu verändern.

Wir intendieren hier, aus Gründen der begrifflichen Klarheit, zunächst eine eindeutige Differenzierung zwischen intrapsychischen Abwehrmechanismen und interpersonalen Abwehrkonstellationen, obwohl wir uns dessen bewußt sind, daß reine Formen relativ selten, die Kombinationen dagegen recht zahlreich sind. Ist indessen der prinzipielle Unterschied klar zum Ausdruck gebracht, kann man bei diesen viel häufigeren Kombinationen mit größerem Erfolg versuchen, den intrapsychischen bzw. interpersonalen Anteil nach Intensität und Gewichtigkeit einzuschätzen. Richter (1970, S. 50) meint, daß diese psychosozialen Abwehrformen nicht in einem additiven, sondern in einem Überformungsverhältnis zu den klassischen Abwehrmechanismen stehen, wie sie Anna Freud (1936) tabellarisiert hatte.

Die klassischen Mechanismen sind an den psychosozialen Abwehrformen stets mitbeteiligt. Es wäre allerdings falsch und, wie ich meine, auch nicht im Sinne von Richter, wenn man diese Formulierung dahingehend mißverstehen würde, daß psychosoziale und speziell interpersonale Abwehrvorgänge etwas relativ Nebensächliches, Sekundäres und im Vergleich zu den intrapsychischen Abwehrmechanismen weniger Bedeutungsvolles seien. Eine solche Auffassung würde Wichtiges übersehen, und zwar insbesondere im Bereich der institutionalisierten psychosozialen Abwehrformen.

Die »Ziele« der interpersonalen Abwehrvorgänge (wenn wir uns vorläufig der Einfachheit halber diese strenggenommen falsche finalistische Formulierung erlauben) unterscheiden sich nicht wesentlich von denjenigen der intrapsychischen und der psychosomatischen Abwehrformen. Also auch hier geht es in erster Linie darum, daß ein bestimmter Inhalt, eine bestimmte Information und insbesondere die dazugehörige gefühlsmäßige Reaktion entweder vom Bewußtsein ferngehalten oder im Hinblick auf ihre

Bedeutsamkeit für die betreffende Person bagatellisiert werden. Hinzu kommt oft in einem zweiten Schritt die sozusagen gezielte Ablenkung der Aufmerksamkeit in eine ganz andere Richtung, wodurch die Verdrängung oder Verleugnung verstärkt und verfestigt werden (vergleiche hierzu Sperling, 1958).

Interpersonale Abwehr leistet dasselbe wie die intrapsychischen Abwehrmechanismen, nur mit anderen Mitteln:

Der eine Patient versucht, unerträgliche Schuldgefühle mit Hilfe von zwangsneurotischen magischen Handlungen, durch symbolisches Ungeschehenmachen zu kompensieren, indem er zum Beispiel sich die Hände wiederholt in einer ritualisierten Weise wäscht (er wäscht sich in Unschuld!); ein anderer bemüht sich, dasselbe zu erreichen, indem er eine Straftat begeht und deswegen bestraft wird (Kriminalität aus einem neurotischen Strafbedürfnis).

Ein anderes Beispiel: Spannungen, die durch neurotische Aggressionshemmung entstehen, werden in einem Fall mit der Wendung der Aggression auf sich selbst verarbeitet, daraus resultiert ein autoaggressives Verhalten. In einem anderen Fall wiederum »wählt« der aggressiv gehemmte Mensch einen offen aggressiven Partner, bei dem er seine Aggressionen identifikatorisch miterleben darf, um sie danach verurteilen zu können. Damit hat er sowohl seine Es- als auch seine Über-Ich-Bedürfnisse befriedigt.

Ob interpersonale Abwehrkonstellationen eine »bessere« oder eine »schlechtere« Abwehr als die intrapsychischen Abwehrmechanismen sind, läßt sich keineswegs generell beantworten. Es gibt Fälle, bei denen ein psychosoziales Arrangement hilft, eine gröbere Verzerrung der Realität zu vermeiden; in anderen Fällen wiederum muß man eine intrapsychische »Lösung« als das kleinere Übel ansehen, z. B. im Vergleich zu langanhaltenden quälenden Konflikten, die aus starren, rigiden (z. B. sadomasochistischen) interpersonalen Arrangements resultieren.

Intrapsychische und psychosoziale Abwehrformen sind nicht die einzigen Wege pathologischer Konfliktverarbeitung bzw. Konfliktabwehr. Eine dritte, sehr häufige Möglichkeit stellt die *psychosomatische* Abwehr dar. Hier werden der störende Inhalt und insbesondere die dazugehörigen »störenden« Gefühle total verleugnet. An ihre Stelle treten im Rahmen einer *Resomatisierung* körperliche Symptome auf, die als Äquivalente des total verleugneten Psychischen gelten dürfen.

Theodor Lidz (1969) hat mit seinem Versuch, das plötzliche Auftreten von psychosomatischen Störungen bei relativ gesunden und erfolgreichen Menschen zu erklären, ein Modell angeboten, welches für unsere Thematik von großer Bedeutung ist. Die zentrale Vorstellung von Lidz, dargestellt an drei sehr eindrucksvollen Krankengeschichten (einer Schilddrüsenüberfunktion, einem Asthma bronchiale und einer Hypertonie), besagt, daß schwerwiegende psychosomatische Erkrankungen unvermutet auftreten, wenn ein defensives »Lebensmuster«, welches dem betreffenden Menschen bis dahin sehr gut durchs Leben geholfen hat, plötzlich aus äußeren Gründen zusammenbricht. Die konkreten Beispiele und Beschreibungen lassen keinen Zweifel daran, daß Theodor Lidz mit »defensivem Lebensmuster« relativ gut geglückte und andauernde interpersonale Abwehrkonstellationen meint. Er stellt die Hypothese auf, daß diese Menschen mit erfolgreichem Lebensmuster, da sie keine Gelegenheit hatten, andere intrapsychische Verarbeitungsmodi und Abwehrmechanismen auszubilden, für äußere »Pannen« sehr anfällig bleiben.
In allen drei Beispielen von Lidz fällt auf, daß das stabilisierende »Lebensmuster« grundsätzlich die »Mitarbeit« des jeweiligen Partners voraussetzt, der dann zu einem bestimmten Zeitpunkt seine für das psychoökonomische Gleichgewicht des Patienten wichtige Rolle nicht mehr übernehmen kann.
Auch hier gewinnt man also den Eindruck, daß in bestimmten Situationen Abwehrformen einer bestimmten Art durch Abwehrkonstellationen einer anderen Gattung ersetzt werden, und zwar unter dem Druck zunehmender Spannung oder einer sich verändernden Realität.
Die Frage, warum in einem Fall die intrapsychische, in einem anderen die interpersonale und schließlich in einem dritten Fall die psychosomatische Abwehr bevorzugt wird, kann nur teilweise und meistens noch nicht befriedigend beantwortet werden. An der Tatsache des Wechsels von einer Form in die andere, der Überformung oder der Kombination mit jeweils wechselnden Schwerpunkten kann jedoch nicht gezweifelt werden.

4. Haben Abwehrmechanismen nur Abwehrfunktion?

Diese etwas paradox anmutende Frage bezieht sich auf den Umstand, daß die in der psychoanalytischen Literatur beschriebenen Abwehrmechanismen des Ichs Vorgänge erfassen, die zwar hauptsächlich mit dem *Schutz* des Ichs vor der bewußten Wahrnehmung von Unlust, seelischem Schmerz, Depression, Schuldgefühlen, Scham und – insbesondere – Angst zusammenhängen, die aber darüber hinaus häufig kompromißhafte oder regressive Teilbefriedigungen oder wenigstens Entspannungen implizieren. Die Bemühungen einiger Autoren, etwa Sperlings (1958), den Begriff der Abwehrmechanismen einzugrenzen und eindeutig auf die Abwehrfunktion im engeren Sinne zu beschränken, ist zwar verständlich, erweist sich jedoch in der Praxis als weder sinnvoll noch durchführbar; die Abwehrfunktion kann nicht von der an zweiter Stelle beschriebenen Funktion der kompromißhaften oder regressiven Teilbefriedigung und Entspannung getrennt werden, da es sich um ein und denselben Vorgang handelt.
Dies läßt sich zunächst bei einer Reihe von intrapsychischen Abwehrmechanismen ganz klar nachweisen, so etwa bei der wunschorientierten psychotischen Veränderung der Realität (z. B. Liebeswahn, Größenwahn) oder bei dem passiv aggressiven Verhalten (indirekte Aggressionsabfuhr).
Aber auch bei den vorwiegend *abwehrbetonten* Formen wie Intellektualisierung, Rationalisierung, Isolierung, Reaktionsbildung, Ungeschehenmachen, also bei allen typisch zwangsneurotischen Abwehrmaßnahmen, kann man mit guten Gründen annehmen, daß neben der Hauptfunktion (Verdrängung – Verleugnung – Fernhaltung von Bewußtsein) vielfach auch eine narzißtische Befriedigung gerade durch diese »Leistung« nicht ausbleibt (so etwa z. B. bei gelungener Intellektualisierung).
Schließlich gelten Altruismus, Humor, Sublimierung gerade deswegen als reife Abwehrmechanismen (eigentlich »Bewältigungsmechanismen«), weil sie ein Stück Trieb- bzw. Bedürfnisbefriedigung bei nur geringer Verdrängung und Regression erlauben.
Wenn man schon von den intrapsychischen Abwehrmechanismen sagen kann, daß sie (neurotische) Konfliktlösungen zustande bringen, indem sie nicht nur das Konfliktmaterial und die damit verknüpfte Angst vom Bewußtsein fernhalten, sondern gleichzeitig eine kompromißhafte, regressive Befriedigung und Entspan-

nung garantieren, so gilt dies in noch höherem Maße für die interpersonale Abwehr. Es wäre auch schwer vorstellbar, wie solche interaktionellen Prozesse ohne Komponenten von (sei es auch regressiver oder kompromißhafter) Triebbefriedigung vonstatten gehen sollten.

Dies zeigt sich zum Beispiel eindrucksvoll bei sadomasochistischen interpersonalen Arrangements.

Die Frage, ob die Abwehrmechanismen nur Abwehr leisten, muß also verneint werden, sofern man unter Abwehr im engeren Sinne ausschließlich den durch Unbewußtmachen erzielten Schutz vor Angst, Depression, Scham, Schuldgefühlen usw. versteht. Die als Abwehrmechanismen beschriebenen Vorgänge haben, insofern sie gleichzeitig eine kompromißhafte und/oder regressive Teilbefriedigung und Entspannung ermöglichen, mit Sicherheit noch eine zweite Funktion, die m. E. gleichfalls als Abwehr in einem weiteren Sinne bezeichnet werden kann, weil sie ebenfalls der Vermeidung einer direkten Konfrontation mit den Konflikten dienen; durch Teilentspannung vertagen sie diese Konfrontation auf unbestimmte Zeit.

Die Überbetonung der ersten, der Verdrängungsfunktion in der psychoanalytischen Literatur mag damit zusammenhängen, daß bei der analytischen Arbeit gerade dieser Aspekt von großer Bedeutung ist, da ja die therapeutische Aufgabe darin besteht, diese Abwehrmechanismen für den Analytiker und den Patienten durchsichtig zu machen, d. h. die Abspaltung bestimmter Persönlichkeitsanteile von der bewußten Kontrolle rückgängig zu machen. Mir scheint jedoch gerade für den Behandlungsprozeß auch die zweite Funktion von praktischem Interesse zu sein. Auch in ihrer Funktion als kompromißhafte, ersatzweise, regressive Befriedigung muß die Abwehr durchsichtig gemacht werden. Die Persistenz bestimmter Symptome trotz guter Einsicht und Aufhebung der Verdrängung könnte nämlich mit dieser zweiten Funktion des Symptoms bzw. der dahinter wirksamen Abwehrmechanismen zusammenhängen.

II. Interpersonale Abwehr in verschiedenen Interaktionssystemen

1. Die Ehe

Die Ehe als eine potentiell lebenslange, exklusive Zweierbeziehung ist erwartungsgemäß eine Fundgrube für das Studium der verschiedenen interpersonalen Abwehrformen. Dies gilt im wesentlichen zwar auch für die Familie; doch müssen die Kinder erst zu den »geeigneten« neurotischen Partnern geformt werden, damit sie ihre ihnen zugewiesene Rolle auch »adäquat« (im Sinne der neurotischen Lösung) übernehmen können, während der Ehepartner unbewußt vielfach schon nach solchen Kriterien ausgesucht wird.

Es ist nicht zufällig, daß zwei der drei Beispiele im einführenden Kapitel dieses Buches Ehepaare betreffen, und es ist nicht von ungefähr, daß Vertreter der Transaktionsanalyse (Berne) bei ihren paradigmatischen Darstellungen immer wieder Ehepaare und Ehepartnertransaktionen zur Schilderung klassischer Interaktionszirkel benutzen.

Dasselbe gilt auch für die Kommunikationstheorie: Watzlawick u. a. haben in ihrem Buch »Menschliche Kommunikation« ein großes Kapitel der Analyse des Theaterstücks von Albee »Wer hat Angst vor Virginia Woolf«, also einem Ehedrama, gewidmet. Zwar sind Ehepaare, die sich in Psychotherapie befinden oder die akute oder prolongierte dramatische Krisen durchleben, wie sie in Theaterstücken wie dem obengenannten oder im »Totentanz« von Strindberg, in der »Zimmerschlacht« von Walser oder in Ingmar Bergmans Film »Szenen einer Ehe« dargestellt werden, nicht die geeigneten Objekte für das Studium stabiler interpersonaler Abwehrformen, da es sich dort meistens um dekompensierte oder auf jeden Fall nicht reibungslos funktionierende interpersonale Abwehrkonstellationen handelt; doch lassen sich gerade an diesen Beispielen Struktur und Wirkungsweise solcher Abwehrsysteme besser beobachten und begreifen.

Der manifeste Anlaß zur ersten Kontaktnahme mit dem Psychotherapeuten war die neurotische Störung der Ehefrau: Depressionen, Alkoholexzesse, insbesondere aber Phobien, also Ängste vor verschiedenen Situationen wie vor geschlossenen Räumen, Menschenansammlungen, Straßenbahn etc. Die früher aktive, tüchtige und intelligente Frau wurde allmählich fast lebensunfähig und von ihrem Mann – der sie zum Beispiel bei jedem Ausgang begleiten oder mit dem Wagen fahren mußte – ziemlich abhängig. Bezeichnenderweise brachte er sie auch zu ihrem ersten Besuch beim Psychotherapeuten und wartete, um sie danach nach Hause fahren zu können.

Schon in diesem ersten Gespräch mit der Ehefrau – zunächst war an eine Einzelbehandlung gedacht – wurde deutlich, daß der Ehemann eine wesentliche Rolle in der gravierenden Symptomatik, insbesondere dem Alkoholabusus, spielte.

Zwar erzählte die Patientin, daß sie eigentlich trinke, um ihre Ängste zu überwinden. Mit einer gewissen Alkoholkonzentration im Blut sei sie ausgelassener, mutiger, weniger verkrampft und ängstlich. Bei genauer Schilderung zeigte sich jedoch, daß es zu den Rückfällen in die Alkoholexzesse jeweils dann kam, wenn sie sich von ihrem Mann nicht verstanden fühlte.

Ohne die Angaben der Frau, sie trinke, um sich Mut zu machen, in Zweifel zu ziehen, ließ sich schon zu Anfang vermuten – und im Verlauf der Behandlung bestätigte sich diese Vermutung –, daß das Trinken über seine ursprüngliche »Betäubungsfunktion« hinaus allmählich eine andere, zusätzliche, ja, vielleicht wichtigere Aufgabe übernommen hatte, nämlich die Regulation der Beziehung zum Ehemann: Alkoholexzesse als Rache für tatsächliche oder vermeintliche Frustration, als Demonstration von Verzweiflung, als Mittel, den Ehemann zu vermehrter Aufmerksamkeit zu zwingen. Aber auch die Ängste schienen über ihre ursprüngliche, sozusagen »intrapsychische« Bedeutung hinaus allmählich eine zweite und zunehmend wichtigere »interpersonale« Funktion zu erfüllen. Der Mann wurde durch diese Ängste zum ständigen Begleiter: Die Beziehung verwandelte sich in eine symbiotische Abhängigkeit. Der interpersonale Aspekt der Symptombildung trat gegenüber der individualneurotischen (intrapsychischen) Komponente zunehmend in den Vordergrund. Diese

Zusammenhänge, deren Beschreibung zunächst mehr den Charakter von Arbeitshypothesen und weniger von Feststellungen hatte, veranlaßten den Therapeuten, eine gemeinsame Behandlung beider Partner vorzuschlagen. Im Laufe dieser analytisch orientierten Paar-Therapie konnte der größte Teil der Hypothesen bestätigt werden. Es war bezeichnend, daß der Ehemann, obwohl er unter den neurotischen Störungen seiner Frau sehr zu leiden hatte, sich längst mit der Situation abgefunden zu haben schien, ja, daß er in gewisser Hinsicht sich sogar kaum mehr an einer wesentlichen Änderung interessiert zeigte. Das Sosein seiner Frau ließ ihn als den Stärkeren, den Nichtabhängigen, den Autonomen erscheinen. Auch wenn er viele Unannehmlichkeiten auf sich nehmen mußte, so tat er dies doch nicht so ungern, weil er dadurch innere Sicherheit gewann.

Auch ein weiteres Arrangement konne im Laufe der gemeinsamen Behandlung deutlich gemacht werden. Der Ehemann ist ein auffallend ruhiger, zurückgezogener, fast (benigne) autistischer, introvertierter Mensch, der nur instrumentell-funktional lebt und an Menschen nicht sonderlich interessiert ist. Er vermag in der Nähe seiner im Gegensatz zu ihm geselligen, temperamentvollen, impulsiven Frau durch die Identifizierung mit ihr einiges von dem zu erleben, was er sonst nicht erleben kann.

Bemerkenswert war, daß die Ehepartner in der Behandlung längere Zeit kaum über ihr Sexualleben sprachen. Nicht, weil sie auf diesem Gebiet keine Probleme gehabt hätten, sondern wegen eines erst viel später deutlich werdenden unausgesprochenen Agreements. Dieses dritte Arrangement sah so aus: Sie sei angeblich an Sexuellem nicht interessiert, auch frigide; er leide an einer Ejaculatio praecox. Auch hier ließ sich nach einigen Diskussionen und Auseinandersetzungen während der Sitzung deutlich machen, daß er, durch seine Sexualstörung verunsichert, sich seine Frau nicht anders wünscht. Sie wiederum kann sich zurückziehen unter dem Vorwand – Vorwurf –, er könne sie ja ohnehin nicht befriedigen.

Im deutschsprachigen Raum hat sich J. Willi (1970/1971/1972) systematisch mit interpersonalen Konstellationen in der Ehe beschäftigt und auch den für Ehepsychologie und Ehetherapie wichtigen Grundbegriff der *Kollusion* einem weiteren Kreis bekanntgemacht. Unter Kollusion versteht er »das von den Partnern in heimlichem, meist unbewußtem Übereinkommen miteinander inszenierte Zusammenspiel, in dem sie versuchen, miteinander und aneinander ihre neurotischen Störungen zu bewältigen oder zumindest auszuagieren, anderenteils ihre eigene Abwehr zu potenzieren. Die Partner bilden dabei einen meist unbewußt gehaltenen Konsensus über die Regeln und Rollen dieses Zusammenspiels ...« Der Partnerkonflikt, der oft eine gemeinsame neurotische Konfliktbasis hat, zeige, wie in jeder Partnerschaft, so auch in der Ehe, die Tendenz, »sich in polarisierten Rollen auf die Partner zu verteilen ... Diese Polarisierungstendenz der parallelen neurotischen Strebungen der Partner läßt sich ganz allgemein in der Partnerschaftspsychologie feststellen. Die Verhältnisse sind aber nicht so einfach, daß man immer den einen Partner mit der Bedürfnisseite und den anderen mit der Abwehrseite identifizieren könnte. Vielmehr sind die Abwehrformen viel komplexer ineinander verschränkt.« Trotzdem erarbeitete Willi verschiedene typische Interdependenzen der Abwehrformen. So z. B. die Interdependenz zwischen dem in seinen Abwehrbemühungen Versagenden und dem Reaktionsbildner: »Der Reaktionsbildner bedarf eines Dekompensierten, um sich in seiner Überkompensation bestätigt, geschützt zu sehen. Im Umgang mit dem Versager, dem Ängstlichen, Schwachen, Kriminellen, Trinker, Süchtigen usw. braucht seine Reaktionsbildung nicht mehr als Abwehr erlebt zu werden, sondern als leuchtendes Vorbild der Tugendhaftigkeit und Charakterfestigkeit, ja als soziale Notwendigkeit.«
Solche Interdependenzen von Abwehrmaßnahmen beschreibt Willi als Kollusionen mit komplementärer Beziehungsstruktur. Es gibt aber auch Kollusionen mit symmetrischer Beziehungsstruktur. Es scheint mir aber fraglich, ob man immer – oder in den meisten Fällen – tatsächlich zwischen symmetrischen und asymmetrischen Beziehungen unterscheiden kann. Diese Frage wird uns gleich beschäftigen. Zunächst sei aber noch ergänzend hinzugefügt, daß Willi auch eine dritte Form von Kollusion er-

wähnt, nämlich diejenige der extradyadischen Interaktion. Hier wird der gemeinsame intraindividuelle Konflikt nicht auf die Ehe übertragen, sondern auf ein extradyadisches Spannungsfeld externalisiert (man findet z. B. einen gemeinsamen Feind in den Eltern usw.).

Symmetrische und asymmetrische Beziehungen

Bei den meisten problematischen Ehen (und sie machen vermutlich einen großen Teil der Ehen überhaupt aus!) kann man nicht eindeutig von nur asymmetrischen oder symmetrischen Beziehungsstrukturen im Sinne der Kommunikationstheorie sprechen. Vielmehr handelt es sich sehr oft um eine größere Anzahl von asymmetrischen und symmetrischen *Teil*beziehungen, die durch ihre feine »Abstimmung« (der eine ist auf diesem Gebiet der Abhängig-Unterlegene, der andere auf einem anderen) in der Endsumme sozusagen eine komplexe, zwar labile, aber symmetrische totale Beziehung ergeben.
Gerade diese Vielfalt und die hier implizierte Labilität des Gleichgewichts sind in solchen Ehen auch für die alltäglichen Auseinandersetzungen mit Schwankungen und dramatischem, wechselhaftem Verlauf verantwortlich zu machen.
Die Verhältnisse sind also komplizierter, als man aufgrund der gängigen Modelle sich vorstellen könnte, denn in jeder dieser einzelnen Teilbeziehungen sind besondere interpersonale Abwehrkonstellationen enthalten. Diese müssen einzeln analysiert werden. Globale Deutungen, die auf das Ganze abzielen, haben oft kaum eine therapeutische Wirkung; sie können die Träger dieser Abwehrmechanismen nicht überzeugen, weil sie zu allgemein sind.
Es ist also mit mehrfachen Teilkollusionen zu rechnen, die einzeln durchgearbeitet werden müssen.
Die Endsummen-Rechnung, die globale Kollusion, kann verstanden, formuliert und den Beteiligten mit Erfolg gedeutet werden, wenn die Verhältnisse auf den einzelnen Gebieten einigermaßen geklärt sind.
Das Gesagte kann mit Hilfe unseres Falles von vorhin verdeutlicht werden. Beispiele für asymmetrische Teilbeziehungen wären: Sie ist schwach, ängstlich, schutzbedürftig; er ist stark, auto-

nom, kann Schutz gewähren. Aber: Sie ist sexuell überlegen – nur, daß sie sozusagen keine Lust habe! –, könnte jederzeit einen anderen Partner finden. Er ist auf diesem Gebiet gehandicapt, auf ihr Wohlwollen angewiesen, dem Vorwurf der Unzulänglichkeit ausgesetzt.

Oder: Sie ist impulsiv, unkontrollierbar, unbeherrschbar, kann sich und die anderen gefährden. Er ist nüchtern, kontrolliert, paßt auf, daß nichts passiert, daß seine Frau nicht entgleist.

Aber andererseits: Sie ist spontan, lebhaft, temperamentvoll, gesellig, hat neue Ideen, gewinnt schnell Freunde.

Er ist verkrampft, aspontan, introvertiert, langweilig, zieht sich schnell zurück.

Alles in allem könnte die Gesamtsumme eine symmetrische Beziehung genannt werden. Diese Aussage ist aber allenfalls für das theoretische Verständnis der »Trotz-allem-Aufrechterhaltung« der Ehebeziehung von Bedeutung. Für die therapeutische Analyse sind Aussagen zu den Teilbeziehungen von größerer Wichtigkeit.

2. Einzeltherapie – Übertragung und Gegenübertragung

Unter Übertragung versteht man die Reaktivierung frühkindlicher – aber auch späterer – Erfahrungen innerhalb der Beziehung zum Therapeuten. Diese aktualisierten Erlebensweisen, Verhaltensmuster, Gefühlszustände, Reaktionen und Gegenreaktionen stammen aus der Beziehung zu bestimmten früheren »Objekten« (Beziehungspersonen), sie werden auf den Analytiker *übertragen,* so daß dieser vom Patienten in verzerrter Weise, eben im Sinne dieser Übertragung, wahrgenommen und auch entsprechend erlebt, geliebt, gehaßt, idealisiert, abgelehnt, abgewertet wird. Übertragungsphänomene sind prinzipiell in jeder Beziehung möglich, sie werden jedoch durch das besondere Arrangement in der psychoanalytischen Situation besonders gefördert, so daß sie dort in besonderer Häufigkeit und Intensität auftreten. Dadurch wird es möglich, sie adäquat zu erfassen, zu deuten und bewußtzumachen. Als intrapsychische Prozesse stellen die Übertragungserscheinungen zum großen Teil besondere Formen *intrapsychischer* Abwehrmechanismen dar. Die Veränderung der realen Person des Analytikers in der Wahrnehmung des Patienten im Sinne bestimmter fixierter infantiler Wunschbilder oder gemäß festgefahrener Stereotypen mit reaktivem Charakter (der »Böse«, der »Gute«, der »Allmächtige« usw.) erfolgt u. a. als Schutzmaßnahme, Abwehrmechanismus: Wie auch sonst bei Abwehrvorgängen soll einmal Angst, Depression, Schuldgefühl, Scham vermieden, andererseits kompromißhafte regressive Teilbefriedigung erreicht werden. Reale Eindrücke und Wahrnehmungen, die diese Phantasiebilder stören könnten, werden verdrängt, abgewehrt.

Die Deutung der Übertragung, also ihre Bewußtmachung, vermittelt eine intellektuelle, aber auch eine emotionale Einsicht, die den Löwenanteil der therapeutischen Wirkung ausmacht. Was wir bis jetzt geschildert haben, kann zunächst in seinem wesentlichen Anteil im Bezugssystem individuell-intrapsychischer Prozesse adäquat beschrieben werden. In der Praxis wird allerdings der Analytiker nicht nur mit solchen Übertragungsphänomenen konfrontiert. Die Patienten begnügen sich meistens nicht damit, den Analytiker (unbewußt) im Sinne ihrer früheren signifikanten Erfahrungen wahrzunehmen und zu erleben, sondern versuchen darüber hinaus, ihn auch *real* entsprechend zu verändern, so daß nach Möglichkeit das Realbild mit dem Übertragungsbild zur Deckung gebracht wird.

Eine Patientin zum Beispiel, die aus einer schwer gestörten Familie stammt, von ihrer Mutter während ihrer Kindheit schwer frustriert wurde und später nur bei Männern unter Einsatz ihrer Koketterie und Weiblichkeit einen gewissen Ausgleich erreichen konnte, versucht auch in der Analyse, den männlichen Analytiker durch ähnliche Mittel (Erotisierung der Situation, Flirten) für sich zu gewinnen, obgleich sie keine erotische Beziehung im eigentlichen Sinne, sondern mütterliche Zärtlichkeit und Zuwendung sucht. Je mehr der Analytiker sich weigert, diese ihm von der Patientin zugewiesene Rolle anzunehmen, desto mehr intensiviert sie ihre Anstrengungen, um das in ihrer Erfahrung mit anderen Männern gewohnte Reaktionsmuster auch bei ihm herbeizuführen. Das Eingehen des Analytikers auf solche Wünsche wäre nicht nur wegen der berufsethischen und moralischen Einwände, sondern auch aus rein technisch-therapeutischen Gründen falsch. Es würde dazu führen, daß die Deutung und Bewußtmachung der eigentlichen Natur der dahinterstehenden Sehnsüchte der Patientin nicht mehr möglich wären. Daraus leitet sich auch die

Rechtfertigung der »Abstinenzregel« in der Psychoanalyse ab, also jenes Grundsatzes, wonach die psychoanalytische Behandlung so geführt werden soll, daß der Patient die geringstmögliche Ersatzbefriedigung findet. Eine Verletzung der Abstinenzregel in diesem eben geschilderten Fall hätte zur Folge, daß man die Chance vertan hätte, der Patientin bewußtzumachen, welcher Art im Grunde ihre Wünsche und Sehnsüchte sind; die Tatsache, daß sie eigentlich einen Muttterersatz sucht, würde unaufgedeckt bleiben. Darüber hinaus würde die Beziehung denselben Verlauf nehmen wie die früheren zahlreichen Verhältnisse dieser Patientin mit Männern, die sie in dieser Weise mit Erfolg umfunktioniert hatte. Das Problematische der »Lösung« würde wie in diesen anderen Fällen bald deutlich werden, und auch diese Beziehung würde zerbrechen.

Es ist also keineswegs selten, daß die Patienten unbewußt oder halbbewußt versuchen, den Analytiker zu einem bestimmten »Agieren« zu veranlassen, ihn zu einem neurotischen Mitspielen, einem komplementären neurotischen Verhalten zu verführen.

Dies geschieht zumeist nicht aus dem Bedürfnis, den Therapeuten etwa absichtlich »an der Nase herumzuführen« (dies kommt freilich auch vor und hat dann eine besondere Bedeutung), sondern aus Gründen der neurotischen Abwehr, und zwar einer potentiell interpersonalen Abwehr. Denn die Tendenz des Patienten, den Analytiker so zu beeinflussen, daß er sich in einer bestimmten Weise verhält, kann u. U. als der Versuch angesehen werden, einen habituellen interpersonalen Abwehrmodus herzustellen. Dabei orientieren sich diese – unbewußten – Bemühungen des Patienten überwiegend am Übertragungsbild; dies braucht aber nicht immer der Fall zu sein. So kann zum Beispiel ein Patient, der zum Abwehrmechanismus der Intellektualisierung neigt, seinen Analytiker, indem er ihm entsprechende Fragen stellt und sein Interesse für theoretische Probleme weckt, dazu verführen, ebenfalls zu intellektualisieren.

In der Mehrzahl der Fälle ist allerdings die Übertragungskomponente nicht zu übersehen. Ein Patient mit einem zwangsneurotischen Bedürfnis nach einem strengen, strafenden Therapeuten – also mit dem Bedürfnis nach einem externalisierten strengen Über-Ich – kann durch entsprechende Darstellungen und Verhaltensweisen den Analytiker dazu animieren, die Rolle dieses Über-Ichs zu übernehmen. Der Patient kann sich so verhalten, daß der

Therapeut sich fast unter dem Zwang fühlt, den Patienten in irgendeiner Weise zurechtzuweisen oder zu bestrafen. Patienten, die als Kinder wiederholt und systematisch geschlagen wurden, haben oft Phantasien, auch vom Analytiker geschlagen zu werden. Dabei handelt es sich keineswegs um Befürchtungen, sondern oft umgekehrt um Wünsche.

Diese Menschen hegen die in gewisser Hinsicht berechtigte Erwartung, daß sie dadurch ein gutes Stück ihrer sonst unerträglichen Spannung lindern könnten.

Verständlich ist diese Erwartung auch deswegen, weil durch das Geschlagenwerden zum Beispiel Schuldgefühle kompensiert werden können oder weil dadurch die gewünschte Distanzierung vom Partner, die Abgrenzung gegen den anderen buchstäblich handgreiflich erreicht wird oder schließlich, umgekehrt, weil immerhin ein Hautkontakt – sei es auch in dieser Form – zustande kommt.

Überhaupt besteht ein großer Teil der Äußerungen und des Verhaltens des Patienten innerhalb des Übertragungsfeldes in direkten oder indirekten Versuchen, den Analytiker dazu zu veranlassen oder auch dazu zu verführen, die dem Patienten gewohnte, stereotype, interpersonale Abwehr mitzumachen. Der Patient begnügt sich also nicht mit der Übertragung im klassischen Sinn; er begnügt sich nicht mit der Veränderung seines Therapeuten-Bildes in der Phantasie. Er versucht darüber hinaus, den Therapeuten so zu manipulieren, daß er tatsächlich auch diesem Bild entspricht, gleichgültig, ob es sich dabei um ein idealisiertes Wunschbild, ein negatives Abbild oder um einen komplementären Surrogatpartner handelt.

Hier wird übrigens deutlich, daß die Einhaltung der Abstinenzregel aus zwei Gründen notwendig ist. Wichtig ist nicht nur die Tatsache, daß die Abstinenz es dem Analytiker möglich macht, die intrapsychischen Aspekte der Übertragung besser zu bearbeiten und bewußtzumachen; darüber hinaus stellt diese Regel auch einen Schutz gegen die Gefahr dar, die interpersonale Abwehr des Patienten mitzuagieren.

In bestimmten Situationen, z. B. in der Behandlung gefährdeter psychotischer oder stark regredierter Patienten, kann es angezeigt sein, diese Einladung zum »Mitspielen« anzunehmen, sofern dies für den Patienten im Moment das kleinere Übel darstellt. So kann es z. B. für einen psychotischen Patienten hilfreich sein, seine

Tendenz, Ängste und Unsicherheiten durch Intellektualisierung zu überdecken, unter gewissen Umständen mitzumachen. Im allgemeinen besteht die Aufgabe des Analytikers jedoch gerade darin, dieses stereotype Verhalten sowie die Bemühungen und Tendenzen des Patienten, interpersonale Abwehrkonstellationen herzustellen, sichtbar zu machen und durch entsprechende Deutungen seine Aufmerksamkeit auf die Herkunft und die eigentliche Funktion solcher Strebungen zu lenken.

Die psychotherapeutische Aufgabe ist deswegen so schwierig und setzt so große Erfahrungen auch bezüglich der eigenen Person (des Therapeuten) voraus, weil die Patienten bei diesen ihren Bemühungen um die Aufrichtung der gewohnten interpersonalen Abwehr intuitiv die speziellen »Schwächen« des Analytikers ausfindig machen können. Dies kann dazu führen, daß der Analytiker die Abwehr mitmacht oder umgekehrt, daß er eine gewisse Angst bekommt und sich auf dem betreffenden Gebiet besonders steif und unflexibel verhält, was den Fortgang des analytischen Prozesses gleichfalls hemmt.

Ein solches »Mitmachen« der interpersonalen Abwehr seitens des Analytikers wird sich indessen nie ganz vermeiden lassen. Sofern es sich nur um relativ vereinzelte Vorkommnisse handelt, die jeweils bald bemerkt und dann gedeutet werden, ist darin nicht nur ein Nachteil, sondern, im Gegenteil, auch ein Vorteil für den therapeutischen Prozeß zu sehen. Es ist für den Patienten besonders lehrreich, festzustellen, in welcher Art er seinen Analytiker – wie andere signifikante Beziehungspersonen in seinem Leben – zu solchen neurotischen »Spielen« verführen kann.

Übertragungs- und Gegenübertragungsphänomene sowie interpersonale Abwehrkonstellationen finden sich freilich nicht nur in der Beziehung zwischen Patienten und Psychotherapeuten, sondern überhaupt in jeder Arzt-Patient-Beziehung. Gerade bei diesem in der Praxis meist nicht bedachten interaktionellen System Arzt-Patient spielen interpersonale Abwehrformen eine große Rolle. Dabei sind es nicht nur die Patienten, die die Ärzte und das Pflegepersonal zu einem bestimmten komplementären Verhalten verführen; auch die Ärzte zwingen die Patienten zu einem bestimmten stereotypen Krankenverhalten, was der Abwehr eigener Ängste dient. Das Buch von Jan Foudraine: »Wer ist aus Holz?« enthält eine Fülle von Beispielen, die dies belegen können. Damit berühren wir jedoch das Gebiet institutionalisierter psychosozialer Abwehrsysteme, das uns in einem anderen Kapitel beschäftigen wird.

3. Gruppentherapie

Interpersonale Abwehr als Gruppenabwehr, also als ein in der Gruppe entstehendes, interaktionelles Arrangement mit defensiven Funktionen, gehört zu jenen psychosozialen Vorgängen, die im Rahmen der Gruppenpsychotherapie schon ziemlich früh erkannt und auch bei der Behandlungstechnik berücksichtigt worden sind. Faßt man den Begriff Abwehr hinreichend weit, so lassen sich sogar die meisten der relevanten Gruppenphänomene als solche defensive Konstellationen verstehen.

Existenz und Bedeutung solcher Abwehrarrangements in der therapeutischen Gruppe lassen sich am besten dort nachweisen, wo diese aus verschiedenen Gründen nicht mehr funktionieren oder zusammenbrechen. In solchen Fällen kommt es zu einer Wiederbelebung von Symptomen, zu Dekompensationen, zu Frustrationsaggressionen und anderen, bis dahin nicht manifesten negativen Erscheinungen.

Beispiel 1

Ein 30jähriger Mann sucht psychotherapeutische Hilfe wegen einer seit zwei Jahren bestehenden Angst-Herz-Neurose mit häufigen Angstanfällen. Es wird ihm ein Behandlungsplatz in einer psychotherapeutischen Gruppe angeboten.

Bald beginnt er auch die Behandlung, wobei es ziemlich rasch, schon nach fünf bis sechs Sitzungen, zu einem Sistieren der Angstanfälle kommt. Der Patient, ein gutmütiger, gefühlvoller, anhänglicher Mann, spricht in der Gruppe viel von seinen Beschwerden und seiner Odyssee durch die Praxen verschiedener Ärzte, die ihm nicht helfen konnten. Er ist von der Gruppe und von den therapeutischen Aussichten begeistert, fordert die anderen auf, auch offen über ihre Probleme zu sprechen. Obwohl sein Verhalten den anderen offensichtlich übertrieben, überschießend, zu optimistisch erscheinen muß, nehmen sie es wohlwollend hin, wenn auch deutlich zu spüren ist, daß sie es als unreif, infantil, naiv sentimental beurteilen. Erst als dieses Verhalten allzu inadäquat und fast lästig wird, kommt es seitens der Gruppe zu einer leisen Gegenreaktion, die jedoch vom Patienten als schwerste Kränkung empfunden wird. Er fühlt sich betrogen, abgewiesen und bekommt noch am selben Tag wieder einen Angstanfall.

In der Bearbeitung dieser Vorgänge wird deutlich, daß der Patient die Gruppe als ein Ersatzobjekt benutzt, welches ihm Sicherheit und somit Beschwerdefreiheit gibt. So wie es – nach seinen Worten – bei früheren Angstanfällen genügte, wenn ihm jemand, am besten eine mütterliche Frau, die Hand hielt, um die Angst zu vertreiben, so hat er die Gruppe in der Rolle einer solchen sicherheitsspendenden Mutter gesehen, erlebt und in gewisser Hinsicht auch dazu verführt. Denn tatsächlich hat auch die Gruppe diese Rolle eine Zeitlang übernommen, nicht nur in der bewußten Absicht, diesem Wunsch des Patienten entgegenzukommen und ihm »zu helfen«, sondern offenbar auch, weil sie – d. h. die anderen Mitglieder – »etwas davon hatten«.

Der Patient mit der Herzneurose repräsentierte den Schwachen, den Hilfsbedürftigen, den Anhänglichen, den Geborgenheit Suchenden. Wenn er das alles war, dann brauchten es die anderen nicht selbst zu sein, vielmehr konnten sie sich im Vergleich zu ihm stark fühlen, als die Hilfespendenden, die Stabilen. Die manifeste Schwäche und Abhängigkeit des Patienten ermöglichte es den anderen Gruppenmitgliedern, eine kompensatorische Reaktionsbildung zu stabilisieren (nämlich ihre Tendenz, sich als stark, stabil, von Gefühlen nicht beeinflußbar zu erleben).

Erst durch das Überziehen seitens des Patienten, also durch die Überforderung dieses interpersonalen Arrangements, sowie mit Hilfe der Deutungen des Therapeuten wurden die neurotische Komplementarität bzw. die neurotischen Funktionen dieser Konstellation deutlich.

Beispiel 2

Frau A. und Frau B., zwei etwa 30jährige Frauen, gehörten seit ca. zwei Jahren einer analytisch-psychotherapeutischen Gruppe an, die sich regelmäßig einmal wöchentlich traf. Trotz einer ursprünglich gegenseitig positiven Einstellung entwickelte sich zwischen ihnen nach einer gewissen Zeit eine ebenfalls beiderseitige

Antipathie, schließlich sogar ein Haßgefühl, das sich zunächst indirekt, dann aber auch ganz offen bemerkbar machte. Diese gefühlsmäßige Reaktion blieb lange Zeit sowohl für die Betroffenen selbst als auch für die Gruppenmitglieder und den Therapeuten unverständlich.

Zwar hatte man immer wieder versucht, darin den Ausdruck einer Eifersucht sowie eine Rivalität in bezug auf den Therapeuten zu sehen. Diese Deutung reichte aber offensichtlich nicht aus. Viele Eigentümlichkeiten im Verhalten der beiden Frauen, die übrigens einander in manchen Hinsichten nach wie vor schätzten, ließen sich nicht befriedigend erklären. Erst nach mehreren Monaten war es Frau A. während eines für sie völlig ungewöhnlichen emotionalen Ausbruchs möglich, Äußerungen zu machen, die zu einer Erhellung der Dynamik dieses gespannten Verhältnisses führten.

Frau A., eine intelligente, aktive, erfolgreiche, in ihrer Umgebung als robust, stabil und tatkräftig geltende Person, hatte wegen häufig auftretender Angstzustände mit erheblichen vegetativen Begleiterscheinungen psychotherapeutische Hilfe gesucht. Die besonders nachts auftretenden Zustände erlebte sie als ausgesprochen bedrohlich, zumal die therapeutischen Bemühungen ihrer Ärzte im wesentlichen ohne Erfolg geblieben waren.

Diese Frau fiel dadurch auf, daß sie, trotz ihres sonst regen Engagements in der Gruppe, in regelmäßigen Abständen Gruppensitzungen fernblieb. Bald konnte ihr gedeutet werden, daß sie diese regelmäßigen »Pausen« brauchte, um ihre anscheinend halbbewußte Angst zu beschwichtigen, sich zu stark an die Gruppe zu binden. Diese Angst vor einer solchen Abhängigkeit stand offenbar in Beziehung mit von ihr verdrängten Bedürfnissen nach Geborgenheit, Versorgtwerden, Passivität, also mit Tendenzen, die eigentlich in krassem Gegensatz zu den manifesten Merkmalen ihres aktiven und »tatkräftigen« Verhaltens standen. Die regelmäßige Unterbrechung des Kontaktes zur Gruppe sollte verhindern, daß sie in die Versuchung kam, sich von der Gruppe abhängig zu machen und sich diesen anderen, mehr passiven Tendenzen zu überlassen.

Aber auch aus einem anderen Grunde mied sie häufig die Gruppe: Sie konnte, wie sie später selbst sagte, Schwäche nicht ertragen, auch nicht bei anderen Menschen. Das erinnere sie zu sehr und zu intensiv an ihre eigene Schwäche. Sie wolle nicht daran gemahnt werden, daß sie vielleicht doch nachgäbe, wodurch sie in Gefahr geriete, zusammenzubrechen oder sich abhängig zu machen. Deswegen versuchte sie auch – sofern sie in die Gruppensitzungen kam –, eine Atmosphäre der Leichtigkeit und des Scherzes, mindestens der Selbstironie zu schaffen. Frau B. war ihr dabei eine Zeitlang eine gute Bundesgenossin gewesen; gelegentlich und zuletzt immer häufiger durchkreuzte sie aber diese Tendenzen und Absichten von Frau A.

Zum besseren Verständnis dieses Zusammenhanges sind hier einige Bemerkungen über Frau B. erforderlich: Auch sie erschien zu gewissen Zeiten als stark, unabhängig, aktiv, ja aggressiv. Auch sie neigte zeitweise zu Bagatellisierungen und zur Kultivierung einer »lustigen« Gruppenatmosphäre.

Zu anderen Zeiten aber wirkte sie (auch innerhalb der Gruppensitzung) weich, anklammernd, depressiv, sogar suizidal. Während in der ersten Zeit das Aktive, die »Stärke« überwogen, war Frau B. in den folgenden Monaten nicht mehr in der Lage, das optimistisch-aktive, zum Teil auch leicht aggressive Benehmen durchzuhalten. Gerade diese Schwäche war offenbar der Grund, warum sie von Frau A. dann innerlich zunehmend abgelehnt, ja zuletzt fast gehaßt wurde. Denn Frau A. sah in zunehmendem Maße ihren eigenen »schwachen« Selbstanteil im Verhalten von Frau B. verkörpert. Ihr blieb nichts anderes übrig, als ihn dort, in Frau B., abzulehnen. Dadurch konnte sie sich wieder ein Stück weit von diesem Selbstanteil distanzieren. Welchen neurotischen Gewinn hatte aber nun Frau B. aus diesem gespannten Verhältnis zu Frau A.?

Frau B. hatte eine sehr ungünstige frühkindliche Entwicklung durchgemacht, war von ihrer Mutter objektiv sehr stark abgelehnt, vernachlässigt und wiederholt enttäuscht worden. Wie es oft bei solchen Mädchen der Fall ist, hatte sie sich aus diesem Grunde ziemlich früh in der Männerwelt orientiert und in zahlreichen Liebesaffären und Abenteuern das gesucht, was sie von ihrer Mutter nicht hatte bekommen können. Wie jedoch wiederum bei einer solchen Konstellation typisch, war sie dann jeweils entweder schnell enttäuscht oder in sexuell-erotischer Hinsicht bald desinteressiert, so daß sie in rascher Folge die Partner wechseln mußte. Frauen gegenüber blieben ihre Beziehungen durchgehend relativ oberflächlich. Kam es gelegentlich doch zu einer Vertiefung, so folgten bald, wie von einem unsichtbaren

Dramaturgen vorausgeplant, (objektiv!) Enttäuschungen, die ihr stets die berechtigte Aussage erlaubten: »Im entscheidenden Moment wird man doch im Stich gelassen, man bleibt draußen vor der Tür, man ist verloren!«

Als Frau A. aufgrund ihrer oben geschilderten Symptomatik immer häufiger den Gruppensitzungen fernblieb und darüber hinaus, sofern sie kam, ihre Antipathie gegen Frau B. nicht mehr verbergen konnte, sah sich Frau B. wiederum bestätigt: Dies sei eine Welt, in der man letztlich doch abgelehnt, betrogen, im Stich gelassen werde. Frau A. versäume die Gruppensitzungen, obwohl sie wisse, daß sie dadurch die Existenz der Gruppe gefährde.

»Ich könnte sie umbringen«, meinte Frau B. halb ernst, halb scherzhaft – so wie sie vielleicht auch früher die Mutter hätte umbringen können. Diese vorübergehend negative Mutter-Übertragung findet hier eine Verankerung in der Realität, die Komplementarität der neurotischen Bedürfnisse hat sich auf einer quasi realen Basis hergestellt.

Fassen wir diesen Fall zusammen:

Frau A. erhoffte sich zunächst von Frau B. die Rolle der Bundesgenossin beim Überspielen der Depressionen und der Angst vor Abhängigkeit. Als dies nicht mehr möglich war, weil Frau B. doch depressiv und somit in den Augen von Frau A. »schwach« wurde, reagierte Frau A. mit Abneigung und schließlich, kurzfristig, auch mit Haß.

Da die erste Konstellation (die Rolle der Bundesgenossin) nicht mehr aufrechtzuerhalten war, bestand jetzt die Tendenz, die Konstellation »des negativen Selbst« herzustellen, d. h., den unerwünschten, angeblich »schwachen« Selbstanteil als solchen im anderen zu erkennen, abzulehnen und zu hassen.

Frau B. wiederum erhoffte sich zunächst eine positive, liebende Beziehung zu Frau A. Sie wollte akzeptiert werden und begann vielleicht, ein Stück positiver Mutter-Übertragung zu entwickeln.

Die ablehnende Haltung von Frau A. enttäuschte sie jedoch (und zwar aus den genannten Gründen). Gerade zu dem Zeitpunkt, da sie Hilfe brauchte, weil sie depressiv und hoffnungslos war, zog sich Frau A. zurück. Ein zweites Konzept gewinnt nun bei Frau B. an Aktualität: Das Ganze wird als eine Bestätigung dafür erlebt, daß dies eine Welt sei, in der Vertrauen nicht gerechtfertigt ist. Man wird schließlich doch abgelehnt, man sitzt draußen vor der Tür. Je schneller man es verstanden und akzeptiert hat, desto besser. Man kann sich dann für Resignation, Oberflächlichkeit oder auch für den Selbstmord entscheiden.

Der Stellenwert des Abwehraspekts in den verschiedenen gruppenpsychotherapeutischen Konzepten

Mehrere Gruppentherapeuten haben während der letzten Jahrzehnte versucht, den Gruppenprozeß in jeweils verschiedenen begrifflichen Bezugsrahmen zu konzeptualisieren.

Zu einem großen Teil handelt es sich dabei nicht um sich ausschließende Alternativen, sondern um komplementäre Teilaspekte.

Eines der wichtigsten und einflußreichsten Konzepte stammt von Bion (1961):

Aufgrund von zahlreichen Beobachtungen formulierte er die Hypothese, daß dieselbe therapeutische Gruppe zu verschiedenen Zeiten unterschiedliche, aber sich wiederholende, stereotype Erlebens- und Verhaltensmuster bietet, die ebenfalls typischen, immer wieder vorkommenden Trends, Konstellationen entsprechen. So unterscheidet Bion zwischen der »Arbeitsgruppe« – womit er die realitätsbezogenen, rationalen, kooperativen Tätigkeiten der Gruppe meint – einerseits, und den »Grundeinstellungsgruppen« andererseits, womit er andere, nämlich regressive Zustände bezeichnet.

Solche Zustände der Gruppe werden von starken emotionalen Kräften bestimmt und führen zu einer stärkeren Kohäsion zwischen den Mitgliedern, die sich in bestimmten gemeinsamen emotionalen Einstellungen manifestiert.

So gibt es zum Beispiel eine »Grundeinstellung der Abhängigkeit« der Gruppenmitglieder oder eine »Grundeinstellung von Kampf und Flucht«.

Die Grundeinstellungen sind gruppenspezifische Abwehrformen, »die durch die Homogenisierung des Erlebens und Verhaltens der Gruppenteilnehmer im Sinne gemeinsamer Regression charakterisiert sind und die dazu dienen, mit Angst und Schuldgefühl verbundene Affekte auszuschalten« (Heigl-Evers, 1972, S. 45).

Dies darf nicht dahingehend interpretiert werden, daß es sich bei solchen Vorgängen eigentlich nur um ein zeitliches Zusammentreffen einzelner Individualabwehrvorgänge handele. Mehrere Gründe sprechen dafür, daß die Bionschen Grundeinstellungen zwanglos als interpersonale Abwehrvorgänge aufgefaßt werden können. Eine ständige, unterschwellige, subtile wechselseitige Beeinflussung der Teilnehmer der Gruppe sowie ein konstanter averbaler Informationsaustausch ist sicher die Voraussetzung dieser oft blitzartig einsetzenden Grundeinstellungen, die zum Beispiel auch in bestimmten schnellen Änderungen der Gruppenstimmung ihren Ausdruck finden. Innerhalb einer Sitzung kommt es gelegentlich vor, daß zwei- oder dreimal eine Grundeinstellung durch eine andere abgelöst wird. Es ist also schwer vorstellbar, daß es sich dabei nur um zufällig simultan eingeschaltete und eingeleitete einzelne »Regressionen« handelt. Eine konstante, zum großen Teil freilich unbewußte Kommunikation ist die Voraussetzung für die Entwicklung solcher gemeinsamen »trends« in der Gruppe.

Der interpersonale Charakter dieser defensiven Vorgänge kommt bei anderen gruppenpsychotherapeutischen Konzepten noch deutlicher zum Ausdruck, so zum Beispiel bei der Konzeption der »gemeinsamen Gruppenspannung« (*common group tension*) von Ezriel: »Der einzelne Patient wird (versuchen), die von ihm in die Gruppensitzung miteingebrachten, jeweils dominanten unbewußten Beziehungen zu Phantasieobjekten in der Weise auszuagieren, daß er die anderen Mitglieder der Gruppe in entsprechende Rollen und Positionen hineinmanipuliert. Dies gelingt in dem Maße, in dem diese Positionen und Rollen den eigenen unbewußten Objektbeziehungen der anderen Gruppenmitglieder entsprechen« (zit. nach Heigl-Evers, 1972). So reizt Frau C. während der Gruppensitzungen Frau D. solange auf, bis Frau D. es relativ leicht hat, das frühere gespannte Verhältnis zu ihrer eigenen Schwester auf Frau C. zu übertragen und sie somit wie ihre Schwester zu erleben und zu behandeln, d. h. auch, sie anzugreifen. Frau C. wiederum erhält dadurch die für ihr neurotisches »Gleichgewicht« erforderliche Konstellation.

Bei einem männlichen Mitglied einer anderen Gruppe wird deutlich, daß er die Gruppe als Mutter empfand und daß er sie darüber hinaus allmählich dazu bringen konnte, daß sie sich ihm gegenüber wie seine eigene Mutter verhielt.

An solchen und ähnlichen Beispielen läßt sich zeigen, daß es nicht

bei der einfachen Übertragung im üblichen Sinne bleibt, sondern daß daraus ein interpersonales Arrangement sich entwickelt.
Auch im Konzept der »dynamischen Kollektivkonstellation« von Grinberg, Langer und Rodrigué (1960) wird die Gruppenabwehr als eine vorwiegend interpersonale Abwehr verstanden. Obwohl diese Analytiker die Gruppe vorwiegend als Ganzes verstehen, berücksichtigen sie bei ihren Interpretationen in besonderem Maße auch die Rollen und Funktionen, die die einzelnen Mitglieder einer Gruppe übernehmen. Darüber hinaus interessieren sie sich besonders für die Untergruppen, die oft als sich gegenseitig ergänzende Teile des Ganzen entstehen. Diese Untergruppen stellen oft Teilaspekte des aktuellen unbewußten Konfliktes dar und konstituieren somit eine sowohl häufige als auch interessante Form interpersonaler Abwehr.
»Auch dadurch, daß einem Mitglied die Rolle des ›Sündenbocks‹ aufgedrängt wird, kann der Gruppe wenigstens für den Augenblick eine feste Gestalt gegeben und das Auftauchen tieferer Ängste verhütet werden. Unbewußt drängen die anderen Gruppenteilnehmer einen Patienten nach und nach dazu, sich eine Reihe von Verhaltensweisen und Haltungen zu eigen zu machen, die ihn zum ›Prügelknaben‹ werden lassen; an ihm entladen sich alle ihre Spannungen und feindseligen Gefühle, die sich sonst gegen sie selbst wenden oder, auf alle verteilt, die Integration der Gruppe gefährden würden. Das kann natürlich nur geschehen, wenn man damit rechnen kann, daß das ›Opfer‹ bewußt und (oder) unbewußt mitmacht, zum Beispiel, weil es hofft, sich auf diese Weise vom Druck seiner Schuldgefühle zu entlasten« (Grinberg u. a., 1960, S. 119).
Jeder Gruppentherapeut kann solche Feststellungen aus eigenen Erfahrungen bestätigen. Im Einzelfall fragt man sich zwar zunächst, ob nicht die Kritik und die Aggressionen vielleicht doch durch bestimmte Eigenschaften und Merkmale des sogenannten Sündenbocks berechtigt sind. Man stellt jedoch immer wieder mit Erstaunen fest, daß im Falle der Abwesenheit des Sündenbocks die Gruppe nach kurzer Zeit unbewußt für diese Funktion einen anderen auswählt, den sie, sofern auch ein entsprechendes neurotisches Entgegenkommen seinerseits vorliegt, in diese Rolle hineinzwingt.
Ein ähnliches Phänomen ist die Externalisierung und anschließende Entwertung des Über-Ichs. Dieser Vorgang ist nach mei-

ner Erfahrung sowohl bei psychotherapeutischen als auch bei verschiedenen anderen informellen Gruppen häufig zu beobachten. Die Gruppe bringt ein bestimmtes Mitglied mit entsprechenden neurotischen Bedürfnissen dazu, die Rolle des Anklägers, des Aufpassers, des Moralisten usw. zu übernehmen, um ihn dann, wenn er sich in dieser Rolle genug exponiert hat, heftig, ja manchmal wütend anzugreifen. Dies geschieht bevorzugt in Gruppen, in denen der Gruppenleiter aufgrund eines betont entgegenkommenden und antiautoritären Verhaltens sich nicht für die Projektion entsprechender Gefühle und Vorstellungen eignet und somit nicht so leicht zu einem autoritären Tyrannen, der berechtigterweise abzulehnen ist, stilisiert werden kann.
Schließlich versteht auch R. Schindler die Funktionen der einzeln von ihm angenommenen Rollenpositionen (Alpha, Beta, Gamma und Omega) zum großen Teil als Abwehrfunktionen: »Jede Gruppe bildet sich gegenüber einem Gegner ... Gegenüber dem Gegner steht Alpha, der Repräsentant der Gruppeninitiative, mit dessen Unbewußtem sich das Gros der Gruppe, die Gammaindividuen, identifizieren, so daß die Gruppe ohne bewußte Lenkung nach seinem Willen reagiert. Bei physischer Abwesenheit des Gegners wendet sich Alpha aggressiv-aufrüttelnd an die Gruppe, aber niemand verübelt es ihm, denn Alpha repräsentiert nicht nur das Identitätsgefühl, sondern auch das Imponiergehabe der Gruppe, und jeder Gamma träumt, in gleicher Weise mit dem Gegner verfahren zu können. Er imponiert daher auch in analoger Weise gegen den Schwächsten der Gruppe, Omega« (referiert nach Heigl-Evers, 1972, S. 64).

Fassen wir zusammen

Sowohl bei einer betont ganzheitlichen Gruppenbetrachtung als auch bei einer mehr rollentheoretisch akzentuierten Sichtweise lassen sich in Gruppenprozessen regelmäßig Abwehrvorgänge nachweisen, die in dieser oder jener Art auf interaktionaler Basis entstehen und somit die Bezeichnung interpersonal rechtfertigen.
Dabei geht es um Abwehr, um Schutz vor der Desintegration, der Aggression, der Trennungsangst, der Schuldgefühle, der Depression. Die Mitglieder der Gruppe tragen also zur Entstehung und

Aufrechterhaltung dieser interpersonalen Abwehrkonstellationen bei, sei es, daß sie sich auf einheitliche regressive Erlebens- und Verhaltensweisen (wie z. B. die Abhängigkeit-Grundeinstellung nach Bion) »einigen« oder daß sie in polar aufgebauten Untergruppen einen Konflikt agieren, ohne ihn bewußt werden zu lassen, oder schließlich, daß sie in Rollensystemen mit anderen komplementären Funktionen kompromißhafte neurotische »Lösungen« und regressive »Befriedigungen« anstreben.

III. Versuche einer Typologie interpersonaler Abwehrkonstellationen

Vorbemerkungen

Die in den vergangenen Kapiteln zum Zwecke der Illustration dargestellten klinischen Beispiele wie auch die zunächst unsystematischen Andeutungen über die verschiedenen Erscheinungsformen der interpersonalen Abwehr haben bereits deutlich werden lassen, daß hier eine sehr große, zum Teil heterogene Gruppe psychosozialer Phänomene gemeint ist, die eine ausgesprochene Fülle und Vielfalt aufweist. So geht es das eine Mal um Abwehrarrangements, die zwei Personen betreffen, das andere Mal um solche, die kleinere oder größere Gruppen involvieren. In einigen Fällen handelt es sich um Angst-, in anderen um Depressionsabwehr, in wiederum anderen Fällen besteht die »Leistung« solcher Abwehrformen in der Sicherung einer kompromißhaften, neurotischen Befriedigung. Manche dieser Abwehrmuster haben einen relativ hohen adaptiven Wert, andere stabilisieren dagegen nur geringfügig und bringen mehr Nachteile als Vorteile mit sich usw.

Es ergibt sich nun die Frage, ob nicht angesichts der Mannigfaltigkeit der Erscheinungsformen dieser Phänomene die Suche nach bestimmten Ordnungskriterien nötig und sinnvoll wäre.

Ein solches Unternehmen hat sicher seine Vorteile, es birgt aber auch Gefahren in sich. Indem man sich mit funktionslosen Typologien beschäftigt, kann man sich in ihnen verlieren, oder man läuft im konkreten Fall Gefahr, sich zu schnell für eine bestimmte Betrachtungsweise zu entscheiden und darum seine Wahrnehmung für andere Gesichtspunkte und Zusammenhänge zu versperren. Darüber hinaus kann durch eine betont typologisierende Betrachtungsweise die persönliche Begegnung mit dem einmaligen Individuum zugunsten einer distanzierenden, objektivierenden Einstellung in den Hintergrund treten.

Die Vorteile einer Typologie bestehen andererseits darin, daß man in einem weiten, vielfältigen und recht komplizierten Erfahrungsbereich einen gewissen Überblick gewinnt und sich dadurch in die Lage versetzt, bestimmte typische Konstellationen schnell zu erkennen. Solche Konstellationen werden sonst aufgrund ihrer Kompliziertheit und Vielfalt – aber auch wegen der dem Abwehrprozeß innewohnenden Verdunkelungstendenz! – verkannt. Denk- und arbeitsökonomisch ist also eine Typologie schon deswegen gerechtfertigt, weil sie in der Praxis eine schnelle Erkennung des Wesentlichen fördert. Dadurch können auch adäquate Probedeutungen ohne unnötige Verzögerungen formuliert werden.

Entschließt man sich zu dem Versuch einer Typologie interpersonaler Abwehrformen, so wird man bald mit erheblichen Schwierigkeiten konfrontiert, handelt es sich hier doch um recht unterschiedliche und hochkomplexe psychosoziale Vorgänge, die sich nicht ohne weiteres in Kategorien hineinpressen lassen.

Diese Schwierigkeiten gelten aber nicht nur für die interpersonalen Abwehrprozesse. Ähnliches gilt überhaupt für typologisierende oder nosologische Bemühungen im Bereich psychischer Störungen. Aus diesem Grunde hat man es in der letzten Zeit aufgegeben, beim Einzelpatienten globale nosologische Diagnosen zu stellen. Man spricht kaum mehr von Zwangsneurosen, Hysterien oder Phobien. Man versucht vielmehr, das im Erleben und Verhalten des Patienten faßbare Typische auf mehreren Dimensionen zu erfassen. So stellt man neben einer symptomorientierten auch eine konfliktorientierte oder auch eine strukturelle Diagnose. Auch die vom konkreten Patienten bevorzugten Abwehrmechanismen werden auf einer unabhängigen Dimension angegeben.

In ähnlicher Weise versuchen wir im folgenden, die interpersonalen Abwehrformen mehrdimensional einzuordnen, wobei wir uns allerdings auf wenige, praktisch relevante Dimensionen und Ordnungsprinzipien beschränken, die erstens das Wesentliche der jeweiligen interpersonalen Abwehr erfassen und zweitens die Abschätzung der faktischen Gewichtigkeit – evtl. auch therapeutische Gesichtspunkte – erkennbar werden lassen. Es wird sich zeigen, daß die verschiedenen Dimensionen vorwiegend die Besonderheiten der jeweiligen Beziehung als der zentralen Komponente jeglicher interpersonaler Abwehr widerspiegeln, und zwar sowohl vom kommunikationstheoretischen als auch vom psychodynamischen Gesichtspunkt aus.

1. Symmetrische und komplementäre Abwehrkonstellationen

»Zwischenmenschliche Kommunikationsabläufe sind entweder symmetrisch oder komplementär, je nachdem, ob die Beziehung zwischen den Partnern auf Gleichheit oder Unterschiedlichkeit beruht« (Watzlawick, S. 70). Diese von der Kommunikationstheorie beschriebene Regel, die auf Beobachtungen und Begriffsbildungen von Bateson aus dem Jahr 1935 zurückgeht, gilt in gewissem Sinne auch für die interpersonalen Abwehrkonstellationen. Bevor wir jedoch die Brauchbarkeit dieser Dichotomie in diesem Bereich abzuschätzen versuchen, sind einige Vorbemerkungen erforderlich.

Der Begriff der »Abwehr« hat innerhalb des kommunikationstheoretischen Bezugssystems keinen Platz, denn die Kommunikationstheorie verzichtet ausdrücklich darauf, die »Gründe« für dieses oder jenes Verhalten anzugeben: »Wir beschränken unsere Aufmerksamkeit darauf, wie sich die beiden Partner verhalten, ohne darauf einzugehen, warum sie sich (unserer oder ihrer eigenen Meinung nach) so verhalten« (ebd.).

Ein psychoanalytisch orientiertes Konzept, in dem solche interaktionellen Systeme nicht nur im Sinne der Kommunikationstheorie beschrieben, sondern darüber hinaus in ihrer Psycho-Soziodynamik untersucht werden, braucht allerdings nicht in Gegensatz zum kommunikationstheoretischen Modell zu stehen. Das psychoanalytische Konzept ermöglicht Hypothesen über Zusammenhänge auf einer tieferen Ebene. Zwar kann kaum angezweifelt werden, daß Aussagen dieser Art eben nur Hypothesen oder hypothetische Konstrukte sind, deren Gültigkeit nicht den hohen Wahrscheinlichkeitsgrad von Aussagen auf der deskriptiven Ebene hat, bei denen nur das »Wie« und nicht das »Warum« beschrieben wird. Andererseits kann man auf die Dauer in keiner Wissenschaft auf solche hypothetischen Konstrukte verzichten, da sie Kausalität (oder ihren Abkömmling Finalität) implizieren und somit unvergleichbar wichtiger sind. Innerhalb dieses zweiten – des psychoanalytisch-psychodynamisch orientierten – Bezugssystems ist auch das Begriffspaar symmetrische versus komplementäre Beziehung etwas anders zu verstehen als im Rahmen der Kommunikationstheorie. Es geht nämlich hier vorwiegend um eine Gleichheit oder wiederum um eine Komplementarität der unbewußten Motivation bzw. – auf unsere Thematik bezogen – um die Frage, ob hier eine Symmetrie oder Komplementarität der unbewußten Abwehrvorgänge vorliegt.

Im Kapitel über die interpersonalen Konstellationen in der Ehe habe ich auf den Gebrauch dieses Begriffspaares durch Willi im Rahmen einer psychoanalytisch orientierten Ehepsychologie und Ehepsychopathologie hingewiesen. Gleichzeitig konnte dort gezeigt werden, daß im konkreten Fall eine globale Aussage darüber, ob es sich um eine symmetrische oder komplementäre Beziehung handelt, nicht gemacht werden kann, da es sich meistens um einen Komplex von recht unterschiedlich gelagerten Teilbeziehungen (bzw. Teilkollusionen) handelt. Dasselbe gilt auch für alle anderen möglichen interpersonalen Abwehrkonstellationen.

Übrigens ist auch aus einem anderen Grunde die definitive Bezeichnung einer konkreten Beziehung als symmetrisch oder komplementär nicht immer möglich und treffend: Das defensive interaktionelle Muster in Zweier- oder Gruppenbeziehungen kann nicht ein für allemal als eine statische Struktur betrachtet werden. Vielmehr läßt sich in der Regel eine gewisse Entwicklung feststellen. Offenbar aus diesem Grunde sah sich auch Willi bei der Beschreibung neurotischer Ehen veranlaßt, im Ablauf verschiedene *Phasen* zu beschreiben, bei denen das neurotische Wechselspiel jeweils ganz anders aussehen kann.

Es gibt interaktionelle Systeme, bei denen diese Änderung und diese Entwicklung zwangsläufig eine negative ist, negativ in dem Sinne, daß die dadurch erreichten »Lösungen« immer ungünstiger ausfallen und immer »teurer« bezahlt werden müssen. Der Schaden und das Leiden, welche sie verursachen, werden immer größer im Vergleich zu dem angeblichen Schutz oder der Quasibefriedigung, die sie liefern können.

Bei anderen Beziehungen wiederum ist mehr ein stationäres Gleichgewicht zu beobachten, mit einer ständigen Wiederholung von bestimmten Höhepunkten, während in einer dritten Gruppe es zu einer positiven Entwicklung kommt, so z. B. in Ehebehandlungen oder in Psychotherapiegruppen. In diesen letzteren werden unreife interpersonale Abwehrkonstellationen abgebaut oder durch relativ reifere ersetzt.

Bei den zuerst genannten Fällen dagegen werden zunehmend

massive aggressive Entladungen, depressive Dekompensationen, Suizidversuche usw. beobachtet, die entweder den Zusammenbruch der Abwehr signalisieren oder eine weitere regressive Bewegung sowie Vergröberung, Primitivisierung bedeuten.

2. Dyade versus Gruppe

Die Anzahl der in einem psychosozialen Abwehrsystem involvierten Personen beeinflußt nicht nur quantitativ die Komplexität des Geschehens, sie ist auch wenigstens zum Teil für qualitative Unterschiede verantwortlich zu machen. Dies ist leicht verständlich, wenn man sich die Besonderheiten von Zweier- (Dyade) und Dreier-(Triade)-Beziehungskonstellationen vergegenwärtigt, die ja bekanntlich grundlegend unterschiedliche Beziehungssysteme darstellen.

Diese Besonderheiten der ursprünglichen Dyade (Mutter/Kind) oder der klassischen ödipalen Triade (Mutter/Kind/Vater) oder wiederum der kleinen Gruppe in der primären und sekundären Sozialisation sind in der Literatur der letzten Jahre ausführlich beschrieben worden. Wir können hier nicht auf Einzelheiten eingehen, da dies praktisch eine Rekapitulation eines großen Teils der Gruppenpsychologie bedeuten würde. Es soll nur vermerkt werden, daß die Größe der Beziehungsgruppe im Hinblick auf die dort entstehende interpersonale Abwehr insofern Relevanz besitzt, als die in Frage stehenden Abwehrkonstellationen tatsächlich deutliche Unterschiede aufweisen – wenn freilich daneben auch noch größere Ähnlichkeiten bestehen. Zu vermuten ist zum Beispiel, daß dyadische Systeme, wie sie sich zwischen neurotischen Müttern und ihren Kindern entwickeln, oft eine erstaunliche Stabilität aufweisen und lebenslang aufrechterhalten werden können. Solche festverankerten dyadischen Abwehrsysteme sind zwar relativ leicht zu durchschauen, besitzen aber gerade in ihrer Einfachheit eine erhebliche Stabilität.

Triadische Systeme erscheinen dagegen beweglicher, labiler. Die Wahrscheinlichkeit einer Veränderung ist größer – vielleicht auch einfach deswegen, weil es wahrscheinlicher ist, daß zwei Personen sich auf die Dauer »einigen« können als drei, oder weil es leichter ist, eine Person zu einem bestimmten kompensatorischen Verhalten zu zwingen als zwei Personen. Die Annahme jedoch, daß die Labilität der Abwehrsysteme in dieser Reihe mit der Anzahl der involvierten Individuen zunimmt, ist keineswegs gesichert. Für den einzelnen mag zwar die Wahrscheinlichkeit, daß er »abspringt«, größer sein, die Gesamtwahrscheinlichkeit für alle Individuen zusammen kann allerdings auch kleiner werden.

Parallel zu den Freiheitsgraden wachsen nämlich oft auch die Pressionen. Dabei ist zum Beispiel an therapeutische Gruppen zu denken, die in erstaunlicher Stereotypie immer wieder die typischen Abwehrkonstellationen entwickeln, deren Zwangsläufigkeit ohne die Hilfe des Therapeuten nur von wenigen vereinzelten Individuen und meistens nur durch Flucht vermieden werden kann. Ähnliches gilt auch für die familiären Abwehrsysteme: »Es ist für jedermann, wie reif er auch sein mag, sehr schwierig, die zugeteilte Familienrolle zu vermeiden, wenn er sich im Kreise der Familie aufhält; er wird feststellen, daß er sich wider Willen rollenmäßig verhält« (Framo, 1972, S. 339).

3. Psychoneurotischer versus narzißtischer Konflikt

Die hier gemeinte Dimension ermöglicht die wichtigste und sinnvollste Einordnung und Unterteilung der verschiedenen Formen der interpersonalen Abwehr, da es sich um eine konflikt- bzw. problemorientierte Einordnung handelt. Hier erfolgt die Unterteilung der interpersonalen Abwehrmechanismen danach, welche »Aufgabe« sie speziell zu bewältigen haben. Dabei ergibt sich zunächst eine Zweiteilung, die, wie ich nachträglich festgestellt habe, einer entsprechenden Auffassung von Richter (1963) korrespondiert.

Es gibt also interpersonale Abwehrmechanismen, die vorwiegend bei Konflikten eingesetzt werden, die die objektbezogenen libidinösen und/oder aggressiven Triebe und ihre Derivate betreffen. Beispiele dafür wären die hysterische oder die sadomasochistische Ehe.

Dagegen kommen andere Abwehrvorgänge bei narzißtischen Konflikten zur Geltung, bei denen es mehr um selbstbezogene Bedürfnisse und Interessen sowie die Sicherung der Ich-Integrität und Identität bzw. der narzißtischen Homöostase geht.[3]

Es geht um den Schutz vor Angst (oder Scham, Depression) infolge narzißtischer Kränkungen und im Rahmen von Strukturkonflikten sowie bei sog. Ich-Defekten.[4] Solche Mechanismen werden also aufgebaut, um etwa Selbstwerterniedrigungen zu kompensieren oder einer drohenden Ich-Desintegration oder Verwischung der Ich-Grenzen oder schließlich einer Identitätsdiffusion entgegenzutreten.

Wie schon erwähnt, kommt Richter, der die ausführlichste Systematik auf dem Gebiet der psychosozialen Abwehrmechanismen innerhalb der Familie geliefert hat, zu einer ähnlichen Dichotomie, obwohl seine Typologie sich auf eine Einteilung nach Rollenthemen stützt (Rolle wird dabei sozialpsychologisch-psychoanalytisch definiert als das strukturierte Gesamt bewußter und unbewußter Erwartungen, die Partner aufeinander richten).

Er geht davon aus, daß die Eltern, motiviert durch einen eigenen Konflikt, dem Kinde entweder die Rolle eines Ersatzes für *einen anderen Partner* oder die Rolle eines Substituts für einen Aspekt ihres *eigenen Selbst* zuzuweisen bestrebt sind. Für die Entstehung des ersten Typus (Ersatz für einen anderen Partner) seien Übertragungsmechanismen von großer Bedeutung, so zum Beispiel, wenn Eltern dem Kinde Gefühle entgegenbringen, mit denen sie eigentlich gar nicht das Kind selbst meinen, sondern einen anderen, vielleicht längst entschwundenen Partner.

Für die Entstehung des zweiten Typus dagegen (Substitut des eigenen Selbst) sind nach Richter die »narzißtischen Projektionen« maßgebend. Diese aufgrund von Beobachtungen bei Kindern und Familien herausgearbeiteten Typen finden sich in ähnlicher Weise auch bei Erwachsenen, wie wir an den kasuistischen Beispielen in den vorangegangenen Kapiteln gesehen haben. Auch die zentrale Bedeutung von Übertragungsvorgängen bei der Entstehung solcher Abwehrkonstellationen läßt sich bestätigen, und zwar nicht nur für den ersten, sondern auch für den zweiten Typus psychosozialer Abwehrmechanismen. Was nämlich Richter 1960 als narzißtische Projektionen beschrieben hat, läßt sich zwanglos mit den in den letzten Jahren besser herausgearbeiteten und beschriebenen narzißtischen Übertragungen (Kohut) in Beziehung bringen.

Diese interessanten Beziehungen zwischen typischen interpersonalen Abwehrkonstellationen einerseits und ebenfalls typischen Übertragungsformen andererseits verdienen eine nähere Betrachtung, da sie auch von großer praktischer Relevanz sind.

Bei der Darstellung folge ich wiederum der erwähnten Zweiteilung und versuche, die typologische Einordnung von Richter zu den narzißtischen Übertragungen, wie Kohut sie sieht, in Beziehung zu setzen.

A. Triebbedürfnisse, Triebkonflikte

Psychosoziale Abwehrmechanismen zur neurotischen Pseudolösung von Triebkonflikten aufgebaut, werden, wie wir gesehen haben, von Richter zu einem besonderen Typus der Rollenvorschrift zusammengefaßt, er spricht von der *Rolle eines Partnersubstituts*: Eine Person Y kann von einer anderen Person X unbewußt dazu genötigt werden, jetzt stellvertretend in die Rolle eines früheren enttäuschenden Partners einzutreten, wobei Y kompensierend die unerträgliche Enttäuschung wettmachen soll, welche jene andere unerfüllte oder gescheiterte Partnerbeziehung hinterlassen hat. Klassisches Beispiel dafür im Rahmen von Familienneurosen ist die Übertragung von ursprünglich den eigenen Eltern zugewandten Impulsen auf das Kind, woraus eine Generationsumkehrung, infantiles Benehmen der Mutter und ähnliches resultiert. Diese Rollenvorschrift könnte man also auch so beschreiben: X entwickelt in bezug auf Y eine spezifische Übertragung, die aus früheren ambivalenten oder traumatischen Erfahrungen stammt. Diese Übertragung besteht aus entsprechenden Übertragungsphantasien sowie dazugehörigen Verzerrungen der Wahrnehmung und des resultierenden Verhaltens. Der Prozeß bleibt jedoch nicht auf diesen im wesentlichen intrapsychischen Bereich eingeschränkt. Er baut sich zu einem psychosozialen Abwehrvorgang auf, wobei X versucht, Y in eine Rolle zu manipulieren, die eine Realisierung des Übertragungsbildes zu garantieren verspricht.
Das Partnersubstitut soll also die Übertragungsphantasie Wirklichkeit werden lassen. X wird wahrscheinlich in einer psychoanalytischen Behandlung dasselbe auch mit seinem Analytiker versuchen (s. Kapitel über die Einzeltherapie).
Über die von Richter beschriebenen Rollenvorschriften hinaus gibt es in der Erwachsenenpsychopathologie zahlreiche andere symmetrische und asymmetrische Beziehungen, die zu dieser Gruppe der auf einen psychoneurotischen Konflikt bezogenen

Mechanismen gehören. Häufig sind dabei zum Beispiel die sadomasochistischen Partnerbeziehungen, die recht feste und sehr widerstandsfähige interpersonale Abwehrkonstellationen darstellen und die wahrscheinlich deshalb schon sehr früh beschrieben worden sind. Ausgesprochene Formen eines manifesten sexuellen Masochismus und/oder Sadismus bekommt der Psychotherapeut sehr selten zu Gesicht, obwohl sie, wie man aus anderen Quellen weiß, recht häufig sind. Die Komplementarität der individuellen neurotischen Pseudolösungen beider Partner ist im Falle des manifesten sexuellen Sadomasochismus so offensichtlich, daß sie nicht näher erläutert zu werden braucht. Dasselbe gilt aber auch für den moralischen Sadomasochismus, der in der Einzel- wie in der Ehe- bzw. Familientherapie weit häufiger beobachtet wird.

B. Narzißtische Bedürfnisse, narzißtische Konflikte

Es ist vielleicht bezeichnend, daß es bei den meisten der klinisch faßbaren interpersonalen Abwehrkonstellationen um die neurotische Pseudolösung narzißtischer, struktureller Konflikte geht. (Auch bei den von Richter beschriebenen fünf Typen von Rollenvorschriften handelt es sich, wie wir gleich sehen werden, bei vier dieser Typen um Abwehrmechanismen, die in diese Gruppe gehören.) Zusätzlich zu den von Richter gemeinten Strebungen zur Sicherung des Selbstwertgefühls, zur Selbstbestätigung und zur Prestigeerhöhung zählen wir zu dieser Gruppe auch kompensatorische Mechanismen, die eine Gefährdung der Identität, der Ich-Integrität, der Ich-Grenze vermeiden helfen sollen. Trotzdem erwähne ich zunächst auch hier kurz die von Richter herausgearbeiteten Typen, um die nach meiner Meinung deutliche Korrespondenz mit Übertragungsformen (gemeint sind jetzt narzißtische Übertragungen) nachzuzeichnen.

a. »Rolle eines Abbildes«

Y kann die Rolle auferlegt werden, als genaue Kopie das Selbstbild von X zu realisieren.
Richter versucht, die determinierenden Faktoren dieser Rollenvorschrift zu erläutern, indem er Vorstellungen E. Menakers auf-

greift. Diese Analytikerin hat gezeigt, daß bestimmte Menschen in einer psychoanalytischen Behandlung unbewußt verlangen, daß die Art, wie sie der Analytiker sieht, unbedingt mit ihrem eigenen Selbstbild übereinstimmt. Heute können wir allerdings genauer mit Kohut von einer »Zwillingsübertragung« sprechen (der Patient nimmt an, der Analytiker sei entweder wie er oder ihm sehr ähnlich, oder er glaubt, die psychische Konstitution des Analytikers sei der seinen gleich oder ähnlich [Kohut 1973, S. 140]). X verspricht sich also durch diesen »Zwilling« eine Stärkung seiner Integrität, seines Selbstbildes, seiner Identität. X bleibt jedoch auch hier nicht im Bereich des Intrapsychischen – wie bei der üblichen Übertragung im engeren Sinne. Er begnügt sich nicht mit der Übertragungsphantasie, sondern er verlangt vom Partner, daß er tatsächlich ein Abbild von ihm wird. In dem Maße nämlich, in dem es ihm gelingt, Y dazu zu zwingen, kann er seine Selbstsicherheit mit geringeren Anstrengungen und weniger Energie stabilisieren.

b. »Rolle des idealen Selbst«

»Eine weitere mögliche Rolle besteht darin, daß Y in narzißtischer Weise dazu gezwungen wird, ein Ideal zu erfüllen, dessen Realisierung X mißlungen ist. Y wird also gewissermaßen zum Substitut des idealen Selbst von X.«
Die Verwandtschaft dieser Rolle nach Richter zur idealisierenden Übertragung nach Kohut ist offensichtlich. Allerdings begnügt sich auch hier X nicht mit einer intrapsychischen Manipulation der psychischen Repräsentanzen, er versucht vielmehr, diese seine Idealisierung zu verwirklichen, also in der Realität zu untermauern. Das bedeutet zum Beispiel, daß die Eltern durch eine perfektionistische Erziehung ein Musterkind zu produzieren versuchen oder daß die Ehefrau den Ehemann zu Höchstleistungen auf beruflicher Ebene treibt.

Y kann von X genötigt werden, diesem seine negative Seite »abzunehmen«. Y soll also einen Aspekt darstellen, den X bei sich selbst nur dadurch erfolgreich unterdrücken und verleugnen kann, daß er ihn gewissermaßen auf Y zu verlagern vermag. Es entstehen nach Richter die zwei Unterformen des »Sündenbocks« oder des »schwachen Partners«, durch die X die eigene Kleinheit, Ohnmacht und Passivität (man könnte auch sagen Schlechtigkeit, Boshaftigkeit) zu verleugnen und statt dessen die eigene Güte und Größe zu unterstreichen vermag. Bezogen auf den Übertragungsaspekt würde das m. E. bedeuten: Der Partner wird nur dazu benutzt, das »grandiose Selbst« (Kohut)[5] per Kontrast zu festigen. Hier dürfte aber wahrscheinlich noch mehr impliziert sein, als im Konzept von Kohut enthalten ist.
Das Streben nach einer »komplementären Identität«, wie Laing sie beschrieben hat, ist zwar für jeden Menschen auf der Ebene normaler unneurotischer Bedürfnisse gegeben (Laing zitiert Rabbi Kebia, der zu seinem Lieblingsschüler sagt: »Mein Sohn, stärker noch als der Wunsch des Kalbes zu saugen ist das Verlangen der Kuh zu säugen«). Es gibt aber künstliche, erzwungene, pathologische Bedürfnisse nach einer komplementären Identität – und dazu dürfte auch diese Rollenvorschrift des negativen Selbst gehören –, die weit darüber hinausreichen und für die Festigung irrealer, pathologischer Selbst-Konzepte von größter Wichtigkeit sind. Auch innerhalb eines dritten Bezugssystems könnte diese Abwehrkonstellation konzeptualisiert werden. Gemeint ist das Konzept des »Splitting« bei verschiedenen psychoanalytischen Autoren, insbesondere bei Kernberg. Splitting ist ein sehr früher, primitiver, unreifer intrapsychischer Abwehrmechanismus, durch den zwei miteinander unvereinbare Selbst- oder Objektbilder durch eine »Spaltung« auseinandergehalten werden, so daß sie nur alternativ, sukzessiv bewußt erlebt werden können. So erlebt man sich selbst oder die anderen das eine Mal als »böse« oder »schwach«, das andere Mal als »gut« und/oder »stark«, jeweils mit Absolutheitscharakter. Man könnte nun die »Rolle des negativen Selbst« (Richter) und die daraus entstehende Rollenvorschrift als den Versuch begreifen, das zunächst nur intrapsychische »Splitting« in ein real verankertes interaktionelles Muster (mit Abwehrcharakter) zu verwandeln.

d. »Rolle des Bundesgenossen«

X führt beständig äußere Kämpfe und verlangt von seinem Partner Y vor allem Bundesgenossendienste in diesen Auseinandersetzungen.
Auch hier ist die Ähnlichkeit mit einer »Zwillingsübertragung« (siehe oben) nicht zu übersehen, wobei wiederum wichtig ist, daß es sich nicht nur um Phantasien handelt, sondern um reale Manipulationen des Partners: »Die in der Rollenvorschrift stehende Aufforderung zur Kampfgenossenschaft wird leicht zu einem unentrinnbaren Zwang für Y.«
Wir werden bei der Besprechung institutionalisierter Abwehrkonstellationen, die der Gruppenidentität dienen, noch einmal auf diesen Mechanismus zurückkommen. Zur Festigung der eigenen Identität bedient man sich also nicht nur des »negativen Selbst« (s. unter c), sondern auch des »Bundesgenossen«.
Freilich lassen sich keineswegs alle in der Realität vorkommenden Konstellationen in diesen wenigen Typen unterbringen. Es ging nur darum, einige sehr häufig vorkommende Formen kurz zu skizzieren bzw. die Zusammenhänge zwischen den angebotenen Typologien einerseits und den in der analytischen Behandlung beobachtbaren Übertragungsformen nachzuzeichnen.

Zwischenbemerkung: Unreife und relativ reife interpersonale Abwehr

Genau wie bei den individual-intrapsychischen Abwehrmechanismen ist auch im Falle der interpersonalen Abwehr die Grenzziehung zum sogenannten Normalen wegen der fließenden Übergänge schwierig. Verschiedene Autoren, u. a. auch Vaillant (1971), haben interessante Versuche unternommen, die intrapsychischen Abwehrmechanismen in ein hierarchisches System einzuordnen. Dabei nehmen sie eine allmähliche Reifung und wachsende adaptative Funktion der im Laufe der Entwicklung sich herausbildenden Abwehrmechanismen an – von den primitiven Formen bis hin zu jenen hochdifferenzierten Mechanismen, die eigentlich nicht mehr Abwehr-, sondern Bewältigungsfunktionen haben.

In dem Schichtenmodell von Vaillant findet man auf der ersten Ebene die narzißtischen Abwehrmechanismen, in die Vaillant die Wahnbildungen, die psychotische Verleugnung und Verzerrung sowie die Introjektion einreiht, während auf der zweiten Ebene Abwehrmechanismen wie die einfache (nicht wahnbildende) Projektion, die Hypochondrie, die Identifikation ihren Platz finden.

Die dritte Ebene nennt Vaillant die der neurotischen Abwehrmechanismen. Hier findet man Abwehrmechanismen wie die Intellektualisierung, Rationalisierung, Isolierung, Ungeschehenmachen, Reaktionsbildung, Verschiebung, Verdrängung im engeren Sinne.

Die vierte Ebene, die der reifen Abwehrmechanismen, enthält Vorgänge, die mehr als Bewältigungsmechanismen angesprochen werden müssen (Altruismus, Humor, andere Formen der Sublimierung).

In Anlehnung an dieses, auch ontogenetisch orientierte hierarchische System könnte man den Versuch unternehmen, die interpersonalen Abwehrmechanismen in ähnlicher Weise einzuordnen. Auf der ersten Ebene, derjenigen der besonders unreifen Formen, würde man dann zum Beispiel auf die bei psychotischen Patienten anzutreffenden Arrangements stoßen, also auf die starken symbiotischen Beziehungen, auf die folie á deux, die in schizophrenen Familien beobachteten Rollenzuweisungen und andere in der Familienforschung inzwischen aufgedeckten Konstellationen.

Auf einer zweiten Stufe, der der eigentlich neurotischen interpersonalen Abwehrkonstellationen, könnte man sadomasochistische Beziehungen, angstneurotische oder hysterische Ehen unterbringen.

Auf einer relativ reifen, dritten Ebene ließen sich z. B. solche Vorgänge wie partielle, selektive und kontrollierte Identifizierungen innerhalb von Subkulturen oder nationalen Einheiten (zur Förderung von Integration und Identität) ansiedeln.

Die Grenzziehung zum völlig »normalen« kommunikativen Austausch wäre allerdings recht schwierig.

Berne, der sich mit dem Studium neurotischer Interaktionsformen systematisch beschäftigt hat, meint, daß die Menschen einen großen Teil ihrer Zeit mit »neurotischen Spielen« verbringen. Diese »Spiele für Erwachsene« (die zum Teil unseren interpersonalen Abwehrkonstellationen entsprechen) machen gewiß einen großen Anteil menschlicher Aktivität aus. Auch aus den Beobachtungen in therapeutischen Gruppen wissen wir, daß die Gruppenmitglieder eigentlich von Anfang an solche Abwehrkonstellationen aufbauen.

Andererseits sollte der Leser nicht den falschen Eindruck bekommen, der Autor dieses Buches versuche die These zu rechtfertigen, alle menschlichen Beziehungen, jeder Austausch von Gefühlen, jegliche Solidarität seien letztlich nur Abwehr! Es besteht keine Veranlassung zu einer solchen Verallgemeinerung. Wichtig ist nur zu berücksichtigen, daß psychosoziale Abwehrmechanismen eine bestimmte Vorgeschichte haben. Sie stammen aus zwischenmenschlichen Beziehungen, die in ihren Funktionen abgewandelt, auf Angst-, Depressions-, Unlust-Abwehr spezialisiert und in gewisser Hinsicht auch diesbezüglich pervertiert wurden. Also auch hier ergeben sich deutliche Analogien zu den uns gut bekannten intrapsychischen Abwehrmechanismen, die ebenfalls keine besonderen, von Anfang an einmaligen oder pathologischen Erscheinungen sind, sondern aus normalen Ich-Funktionen stammen und die im Laufe einer besonderen Entwicklung in den Dienst der neurotischen Abwehr treten.

Intrapsychische Abwehrmechanismen sind abgewandelte Ich-Funktionen, interpersonale Abwehrkonstellationen sind abgewandelte zwischenmenschliche Beziehungsformen. Beide dienen der neurotischen Abwehr, d. h. nicht realitätsgerechten, sondern regressiven, nach einem kurzsichtigen Angstvermeidungsprinzip arbeitenden Schutzvorrichtungen.

Beide Arten der Abwehr hängen eng miteinander zusammen – ja, es verhält sich sogar so, daß intrapsychische Abwehrvorgänge die Voraussetzung für interpersonale Abwehr sind, so wie – im Falle des Normalen – Ich-Funktion, überhaupt funktionierendes Ich, die Voraussetzung für zwischenmenschliche Beziehung ist. Es ist eine davon unabhängige Frage, ob Schmidbauer mit seiner Behauptung recht hat, daß primär die Gruppenabwehr da war, aus der sich dann die individuellen Abwehrmechanismen entwickelt haben.

4. Interpersonale Abwehrkonstellationen bei psychotischen Patienten

Interpersonale Abwehrkonstellationen bei psychotischen Patienten sind von Laing systematisch beschrieben worden. Ähnliche Abwehrformen bei Psychosen hat auch Edith Jacobson dargestellt, wenn auch nicht ausdrücklich unter dieser oder einer ähnlichen Bezeichnung. Die Beobachtungen dieser beiden Autoren wurden von vielen anderen, psychodynamisch orientierten Psychiatern aufgrund einschlägiger klinischer Erfahrungen bestätigt. Wichtig ist dabei die Feststellung, daß solche interpersonalen Arrangements ihre große Bedeutung nicht so sehr während der akuten psychotischen Erkrankung selbst haben, sondern vielmehr in den Intervallen oder überhaupt vor dem Ausbruch einer Psychose. Dies deutet darauf hin, daß interpersonale Abwehrkonstellationen keineswegs den sonstigen psychotischen Abwehrmechanismen gleichgesetzt werden sollen, da es sich offensichtlich um Abwehrformen handelt, die gerade vor der psychotischen Desintegration schützen sollen. Erst beim Versagen solcher Versuche einer psychosozialen Abwehr treten manifeste psychotische Episoden sowie die – unter dem adaptiven Gesichtspunkt – viel ungünstigeren psychotischen Abwehrmechanismen auf.
Anders ausgedrückt: Es ist wahrscheinlich, daß gut funktionierende interpersonale Abwehr über längere Zeit vor psychotischen Rückfällen schützen kann.
Dazu ein Beispiel:
Eine 27jährige Patientin hatte schon vor fünf Jahren eine ca. zwei Monate dauernde psychotische Episode mit depressiver und paranoider Symptomatik durchgemacht. Die Umstände, die zum damaligen Zusammenbruch führten, sind nicht genauer bekannt geworden.
In den Jahren danach war sie relativ unauffällig und in ihrem Beruf voll einsatzfähig. Stabilisierend wirkte offenbar eine Beziehung zu einem zehn Jahre älteren Mann, der ihr durch sein Vertrauen und seine konstante Zuwendung bei gleichzeitiger Aufrechterhaltung einer gewissen Distanz das Gefühl der Sicherheit gab. Schon bald nach Beginn dieser Beziehung war die Patientin nicht mehr in der Lage, mit diesem Mann sexuell zu verkehren.
Sie löste das Problem später durch eine gleichzeitige Beziehung zu einem jüngeren Mann. Als indessen der ältere Freund allmäh-

lich doch auf intimen Beziehungen bestand und ihr eine psychoanalytische Behandlung nahelegte, »damit sie sich von ihren Hemmungen und ihrer offensichtlichen Vaterbindung befreie«, wurde die Patientin akut psychotisch und mußte wiederum mehrere Wochen stationär behandelt werden. In der Zeit danach stabilisierte sie sich mit Hilfe ihres jüngeren Freundes, eines einfachen, acht Jahre jüngeren Mannes, dem sie intellektuell eindeutig überlegen war, zu dem sie aber ein offenes, freundschaftliches, herzliches Verhältnis hatte. Der dritte psychotische Schub erfolgte zwei Jahre später während einer längeren Abwesenheit dieses jungen Mannes.

Dieser Fall bestätigt die sozialpsychiatrische Erfahrung, daß psychotische Patienten dann am längsten frei von manifesten psychotischen Episoden bleiben, wenn es ihnen gelingt, Beziehungen aufzubauen, bei denen sie aufgrund des äußeren Arrangements eine mittlere Position zwischen Nähe und Distanz einnehmen oder durch ein »reales Splitting« entgegengesetzte Strebungen bei verschiedenen Partnern konfliktfrei befriedigen können. Ein interpersonales Arrangement garantiert hier eine kompromißhafte dosierte Teilbefriedigung, ohne Desintegrations- und Grenzenverlustängste (durch zu große Nähe) zu mobilisieren.

Da übrigens psychotische oder potentiell psychotische Patienten sehr wahrscheinlich nur über unterentwickelte psychoneurotische Abwehrmechanismen verfügen, ist zu erwarten, daß, sofern sie nicht auf eindeutige psychotische Abwehrmechanismen zurückgreifen, sie sich häufiger als neurotische Patienten mittels interpersonaler Abwehr stabilisieren.

Dazu ein weiteres, ausführliches Beispiel: Die gepflegt, geschmackvoll, aber gleichzeitig leger gekleidete und erscheinende gutaussehende 36jährige verheiratete Frau berichtete, daß sie eigentlich bis vor ca. einem Jahr glücklich und ausgeglichen mit ihrem Mann und ihren beiden Kindern gelebt hatte. Dann begann sie aber, eigenartige, sehr lebhafte und sie erschreckende Träume zu haben, in denen sie sich völlig verloren vorkam. Oft kam es auch tatsächlich im manifesten Trauminhalt vor, daß ihre Person verlorenging oder daß sie ihren Paß verlor, so daß sie nicht mehr wußte, wer sie war. Am schlimmsten sei bei diesen Träumen aber die begleitende Stimmung, die sie nicht mit Worten wiederzugeben vermöge. Auf jeden Fall hatte sie das Gefühl, daß sie sich als Person auflöse, daß sie sich verliere, daß sie auseinanderginge.

Alarmierend war das Ganze für sie aber erst geworden, als diese Stimmung und diese Gedanken auch nach dem Aufstehen anhielten. Zunächst geschah dies nur für eine halbe oder eine Stunde nach dem Erwachen, später breitete sich dieses unheimliche Befinden jedoch über den Vormittag aus; sie lebte wie in Trance. Die Zeiträume, in denen sie nachts träumte und tags verträumt, erschrocken und gespalten ihre Hausarbeit zu erledigen versuchte, wurden immer länger. Sie war zwar noch in der Lage, ihren Pflichten nachzugehen, die Kinder zu versorgen, Einkäufe zu tätigen. Die Spannung wuchs jedoch ständig. Sie hatte immerzu Angst vor dem Zeitpunkt, wo sie »umkippen«, also plötzlich total die Kontrolle über sich verlieren würde. Dazu kamen dann auch unvermittelt einschießende, sie besonders erschrekkende Gedanken, sie könne ihre kleine Tochter umbringen. Sie fühlte sich von diesen ihr völlig unverständlichen Ideen regelrecht überwältigt und reagierte mit tiefem Erschrecken.
Schon beim ersten Gespräch mit der Patientin wurde deutlich, daß es sich um eine ausbrechende Psychose handelte. Sie wurde ambulant mit Psychopharmaka behandelt. Eine Woche später konnte beim zweiten Gespräch noch folgendes in Erfahrung gebracht werden:
Die in den Tag hineinragenden »psychotischen« Träume traten erst im Zusammenhang mit einer akuten Ehekrise vor ca. einem Jahr auf. Die Patientin, die fünfzehn Jahre lang mit einem differenzierten, wohlhabenden, gutmütigen, ruhigen und um seine Frau sehr besorgten Mann gelebt hatte, war wie vor den Kopf gestoßen, als sie plötzlich von ihm selbst erfuhr, daß er für eine gewisse Zeit ein außereheliches Verhältnis mit einem jüngeren Mädchen unterhalten hatte. Ihre Enttäuschung und Überraschung waren sehr groß. Sie fühlte sich von dem Menschen, dem sie absolut vertraut hatte, verraten. Sie versuchte, ihre Enttäuschung zu verbergen, und wagte dann selbst, wahrscheinlich um ihr Gesicht zu wahren, einen Seitensprung, wobei sie sogar starke und befriedigende Erlebnisse hatte, die sie sonst mit ihrem Mann nicht kannte. Das Trauma blieb jedoch bestehen. Die Erschütterung führte zu einer ernstzunehmenden Unruhe und Labilisierung, sie fing an zu träumen, daß sie sich verliere. Die Patientin war das Lieblingskind ihrer Mutter gewesen, einer ebenfalls temperament- und gefühlvollen Frau, die zur Patientin bis zu deren 20. Lebensjahr eine fast symbiotische Beziehung unterhalten hatte.

Offenbar hatte sich die Patientin bei ihrer Mutter zwar sehr wohl gefühlt; in ihrer Freiheit und Autonomie-Entwicklung aber sah sie sich eingeschränkt. Als sie ihren Mann während eines kurzen Urlaubs kennenlernte, entschloß sie sich überstürzt zur Heirat und zog mit ihm in dessen weit vom elterlichen entfernten Wohnort.

Gute Gründe sprechen für die Annahme, daß sie sich damals in einer Gewaltaktion zu befreien versucht hatte; sie hatte intuitiv erfaßt, daß dieser Mann ihre einzige Chance war, weil er ihr offensichtlich sowohl die Befreiung von der Mutter ermöglichte als auch einen Ersatz für diese wichtige Beziehung bot. Beide Funktionen erfüllte er denn auch in den folgenden fünfzehn Jahren.

Seitens der Mutter kam es damals zu dramatischen Reaktionen. Sie wollte ihre Tochter auf keinen Fall freigeben, und während einer heftigen Szene soll sie gesagt haben, für ihre Tochter sei ihr Herz von nun an verschlossen, sie habe ihre Tochter verwünscht und sie sprach von ihrem »blutenden Herzen« usw. In gewissem Umfang hat die Mutter tatsächlich Wort gehalten: Sie verhielt sich in der auf die Heirat folgenden Zeit herz- und lieblos, verweigerte sich ihrer Tochter in schwierigen Situationen, zeitweise zeigte sie sich ihrer Tochter gegenüber höchst ambivalent. Dennoch gelang es der Patientin mit Hilfe ihres Mannes, sich sehr gut zu stabilisieren, und bis vor einem Jahr blieb sie psychisch völlig unauffällig.

Als die Patientin mir über ihre zwanghaften Mordgedanken in bezug auf ihre kleine Tochter erzählte, fügte sie hinzu, daß sie solche Gedanken nie in bezug auf ihren Sohn gehabt hatte. Daraufhin fragte ich sie, ob das nicht damit zusammenhängen könne, daß sie, die Patientin, sowohl die Mutter ihrer Tochter als auch die Tochter ihrer Mutter sei. Ich wollte damit andeuten, daß die Mordgedanken etwas mit ihrer eigenen Mutter zu tun haben könnten. Die Patientin war überrascht, erzählte aber unmittelbar im Anschluß an meine Intervention einiges »Wichtige« über die Mutter, was sie vergessen hatte: Als die Patientin mit ihrer Tochter schwanger war, kam es anläßlich eines Besuches der Mutter zu einer Auseinandersetzung mit ihr, wobei die Mutter äußerte, die Patientin sei nicht mehr ihr Kind, sie könne infolgedessen nicht mehr damit rechnen, eine Mutter zu haben. Die Patientin geriet in eine so starke Aufregung, daß sie heftige Wehen bekam. Beinahe wäre es zu einer Frühgeburt gekommen; nur durch intensivste ärztliche Bemühungen gelang es, die Schwangerschaft aufrechtzuerhalten. Während die Patientin dies erzählte, weinte sie heftig, ihre Mutter hätte beinahe ihre kleine Tochter getötet – jedoch setzte sie, wie von Schuldgefühlen oder Zweifel geplagt, sofort hinzu: die Mutter sei ein liebenswerter, temperamentvoller Mensch, sie liebe wohl ihre Mutter. Im Laufe dieses Gespräches wurde immer deutlicher, daß die Patientin sich zeitweise mit ihrer Mutter total identifizierte. Die bösen Mordgedanken kamen von der introjizierten Mutter, die aber nicht nur böse, sondern auch gut und liebevoll war.

Für die Stärke der symbiotischen Beziehung der Patientin ist auch die Tatsache bezeichnend, daß sie, die seit ihrer Heirat im Ausland lebte, bei Beginn der Krankheit nach Deutschland kam, weil sie nur einem deutschsprechenden Psychiater diese Schwierigkeiten anvertrauen wolle und könne. Dabei standen ihr an ihrem Wohnort auch deutschsprechende Psychiater zur Verfügung. Sie hatte aber das Gefühl, ihre intimsten Probleme müßte sie in ihrer Muttersprache und in ihrem Heimatland besprechen. Es ist dann wohl gleichfalls nicht zufällig, vielmehr für ihre Ambivalenz bezeichnend, daß sie, als sie zur Konsultation nach Deutschland kam, sich ausgerechnet einen in der Bundesrepublik lebenden ausländischen Psychotherapeuten aussuchte!

Die weitere ausführliche Besprechung dieses Falles würde zu weit führen. Hier ging es nur um den Versuch zu verdeutlichen, welche Bedeutung das interpersonale Arrangement der Eheschließung für die Ablösung der Patientin von einer pathologischen Symbiose hatte und wie gut dieses Arrangement geeignet war, die Patientin für die Zeit von fast fünfzehn Jahren zu stabilisieren. Der Mann war mit seiner besonderen Charakterstruktur, seiner Ruhe, seiner vertrauenerweckenden Sicherheit und der Konstanz seiner Zuwendung ein ideales Objekt in diesem Fall, zumal er die Fortsetzung der Symbiose bei einer zwar größeren, aber konstanten Distanz garantierte (schon aufgrund der Tatsache, daß er ein Mann war, aber auch, weil er sich selbst nicht anklammerte).* Hier wurde also der Patientin die Möglichkeit einer gemilderten

* Bei späteren gemeinsamen Gesprächen wurde deutlich, was er von dieser »Kollusion« hatte: er, ein ausgesprochen distanzierter, aggressionsgehemmter, überfreundlicher, kontrollierter Mensch, bewunderte die Spontaneität, Aggressionsäußerungen und Gefühlswallungen seiner Frau und nahm identifikatorisch an ihnen teil.

Fortsetzung der Symbiose geboten, ohne die Gefahr, sich darin auflösen zu müssen. Nach dem »Verrat« des Ehemannes wurde das Problem wieder akut. Zur Mutter zurückgehen konnte sie nicht; der Mann aber wurde als Muttterersatz suspekt. Da sie auch in bezug auf ihre Identität, ihre Selbstdefinition auf das symbiotische Objekt angewiesen war, fühlte sie sich jetzt völlig desorientiert, sie verlor sich, spürte die Gefahr, nicht mehr zu wissen, wer sie war.

Zu vermuten ist auch, daß sie in dieser ausweglosen Situation auf den primitiven Abwehrvorgang der Introjektion zurückgriff, also die Mutter in sich hineinnahm – koste es, was es wolle. Bei der ambivalenten Besetzung der Mutter war dies jedoch nur um den Preis der sonst völlig unerklärlichen Mordgedanken bezüglich der kleinen Tochter möglich.

5. Schlußbemerkungen und ein besonderer Fall

Wir haben uns in diesem Kapitel bemüht, gewisse Kriterien für eine Klassifikation interpersonaler Abwehrformen in mehreren Dimensionen anzugeben.

Dabei erschien eine Einteilung nach der Art des Konfliktes bzw. nach der Art der korrespondierenden Übertragungsform besonders vorteilhaft. Gleichzeitig wurde jedoch deutlich, daß der Einzelfall auf mehreren Dimensionen beurteilt werden muß; aber sogar dann kann sich noch herausstellen, daß er nicht eindeutig unterzubringen ist. Dies gilt z. B. für folgenden Fall:

Ein sehr häufiger Modus der neurotischen »Bewältigung« von Ambivalenz (also der gleichzeitigen Anwesenheit entgegengesetzter Strebungen, Haltungen und Gefühle in Beziehungen) ist das reale Splitting. Das Problem wird einfach dadurch gelöst, daß man eine bestimmte Person in idealisierender Weise zum Träger aller guten Eigenschaften macht, während man eine andere korrespondierende Person zum schlechthin bösen Objekt deklariert. Die betreffenden Personen werden in einer die Realität verzerrenden Art in übertriebener Weise projektiv positiv oder negativ bewertet. Solange es sich vorwiegend um unbewußte Manipulationen der Objektrepräsentanzen handelt, muß man noch von einem intrapsychischen Abwehrmechanismus sprechen. In einigen Fällen gelingt es jedoch, diese Projektion mit der Realität zur Deckung zu bringen, und zwar durch geschickte Auswahl der betreffenden Personen. Dieses »realisierbare« Splitting wird benutzt, um diese den Patienten unvereinbaren Teilaspekte der Beziehungsperson auseinanderzuhalten.

Eine 29jährige Frau konsultiert den Psychotherapeuten wegen bestimmter Schwierigkeiten in ihrem Leben, die ihr auf die Dauer doch viel Kummer machen. Seit einigen Jahren sei sie mit einem Mann verheiratet, der, obwohl nicht viel älter als sie, ihr doch, wenigstens früher, an Lebenserfahrung, Selbstsicherheit, Auftreten usw. erheblich überlegen war. Auch heute noch repräsentiert er für sie einen absolut zuverlässigen Menschen, der sie nie im Stich lassen würde. Bei diesem Mann habe sie sich in den ersten Jahren ihrer Ehe wohl und sicher gefühlt. Es war zwar keine leidenschaftliche Liebe, die beiden lebten jedoch harmonisch, die Patientin fühlte sich geborgen. Auch in sexueller Hinsicht war sie zufrieden, sie konnte intime Beziehungen genießen, wenn sie auch nicht immer einen Höhepunkt erreichte.

Nach zwei bis drei Jahren fing sie jedoch an, sich etwas unheimlich zu fühlen. Sie hatte zunehmend den Eindruck, ihr Mann bedrücke sie, schränke sie ein, hindere sie in ihrer weiteren Entwicklung. Es kam ihr vor, als ob sie bis dahin ihr Leben in einem halbbewußten Zustand wie ein neun- oder zehnjähriges Kind gelebt hätte. Die Selbstverständlichkeit, mit der sie ihr Glück und alle ihre Zukunftsperspektiven in die Hände ihres Mannes gelegt hatte, schien ihr jetzt fragwürdig.

Parallel zu diesem erwachenden Bewußtsein von ihrer Lage stellte sie eine zunehmende Abkühlung ihrer sexuellen Gefühle ihrem Mann gegenüber fest. Daraus entwickelte sich dann später eine bis heute anhaltende starke Abneigung gegen jede Berührung seitens des Mannes, die in irgendeiner Weise als sexuelle Annäherung verstanden werden könnte. Nur wenn er sie zärtlich umarme, habe sie nichts dagegen. Sobald sie jedoch das geringste Anzeichen einer sexuellen Begierde spüre, steige in ihr ein heftiger Widerwillen auf. Dabei beurteilt sie ihn auch heute noch als einen sehr gutaussehenden und irgendwie attraktiven Mann.

Einige Zeit nach Beginn dieser Veränderung ihrer Gefühle machte sie die Bekannschaft eines jüngeren Mannes. Diese Bekanntschaft entwickelte sich zu einer großen Liebesaffäre, die vor etwa einem Jahr auch dem Ehemann bekannt wurde. Es kam zu heftigsten Auseinandersetzungen auch zwischen den beiden Männern. Die Patientin war bei dem jungen Freund sexuell leicht erregbar, fühlte sich nicht bedrängt oder eingeschränkt, im Gegenteil zur Selbstreflexion angeregt. Sie fand ihn zwar noch unreif, nicht gefestigt, unsicher, vielleicht auch unzuverlässig, dennoch dachte sie oft daran, endgültig bei ihm zu bleiben. Zum ersten Mal verspürte sie den Wunsch, ein Kind zu haben (was sie früher stets abgelehnt hatte). Nun schwankte sie seit langem hin und her. Sie neigte einmal zu dieser, ein andermal zu jener Entscheidung, versuchte weder den einen noch den anderen Mann zu enttäuschen. Der Konflikt spitzte sich gelegentlich bis zur Unerträglichkeit zu. Die sonst fröhliche, in ihrem Beruf erfolgreiche und leistungsfähige Patientin fehlte neuerdings des öfteren bei ihrer Arbeit, litt unter Schlafstörungen, weinte viel. Trotzdem fand sie immer wieder Mittel und Wege, die Entscheidung hinauszuschieben.

Zum Psychotherapeuten sei sie eigentlich in der bewußten Erwartung gekommen, er werde ihr sagen, was für sie das richtige sei. In einer langen Reihe von Gesprächen war praktisch nur von diesem Thema die Rede. Dabei verhielt sich die Patientin eigenartig. Gewann sie nach langen Diskussionen den Eindruck, der Therapeut neige zur Lösung »Ehemann«, so brachte sie eine Fülle von Einzelheiten und Überlegungen vor, die für die »Freundlösung« sprachen. War das Gegenteil der Fall, so zählte sie die Argumente für die »Ehemannlösung« auf, und so fort. Es ging im wesentlichen darum, daß sie bei dem Ehemann sicher wäre, sie wolle durch ihre Entscheidung nicht einen derart vertrauenswürdigen Mann für immer verlieren.

Der Freund hingegen würde ihr die ungestörte sexuelle Beziehung, die Erfüllung ihres Kinderwunsches usw. ermöglichen. Es wurde allmählich deutlich, daß sie unter andauernder Spannung bemüht war, die Waage im Gleichgewicht zu halten.

Aus der Biographie war es wichtig zu erfahren, daß sie ihren Vater mit 10 Jahren verloren hatte, die enge Beziehung zur Mutter tröstete sie jedoch über diesen Verlust hinweg, so daß sie auch die zweite Eheschließung der Mutter – die Patientin war damals 15 Jahre alt – gut verkraftete. Zu einer Krise kam es erst, als Stiefgeschwister geboren wurden. Die Patientin fühlte sich nun benachteiligt, verlassen, betrogen. Das war mit ein Grund, warum sie relativ früh heiratete, wobei sie ihren Mann als einen zuverlässigen, fürsorgenden, konstant Liebe und Zuwendung garantierenden Menschen erlebte, der sowohl Mutter als auch Vater ersetzen konnte. Die Bindung bedeutete jedoch eine erhebliche Abhängigkeit. Als sie nach zwei Jahren nach einem Entwicklungsschub sich zu lösen versuchte, zeigte sich, daß dies nicht ohne weiteres möglich war. Diesen eigentlich sehr häufigen intrapsychischen Konflikt (Sicherheit und Abhängigkeit versus Unsicherheit bei Unabhängigkeit bzw. Freiheit) versuchte die Patientin dann aber offenbar nicht nur mit den Mitteln der intrapsychischen Abwehr, sondern auch in einem interpersonalen Arrangement zu lösen: In der doppelten Beziehung zum Ehemann und zum jungen Freund externalisierte sie den Konflikt, wobei sie wahrscheinlich auch bei dieser Lösung geblieben wäre, hätte der dadurch entstandene reale äußere Konflikt nicht gewaltige Dimensionen angenommen.

Um einem Mißverständnis vorzubeugen: es handelt sich nicht etwa um eine Frau, die Angst vor finanzieller Unsicherheit hat, deswegen bei einem älteren, nicht mehr geliebten Ehemann ausharrt und gleichzeitig ihre sexuellen Bedürfnisse bei dem jüngeren Freund befriedigt! Die Patientin ist berufstätig, finanziell unabhängig und fühlt sich an ihren fast gleichaltrigen Ehemann wie eh und je emotional gebunden.

Von außen betrachtet, mutet der Konflikt auf den ersten Blick wie eine romanreife tragische Doppelliebe an. Bei näherem Zusehen zeigt sich jedoch, daß das quälende Gleichgewicht der Kräfte deswegen so hartnäckig aufrechterhalten wird, weil es einen intrapsychischen Konflikt repräsentiert. Sich vom Ehemann zu trennen, hieße die Bindung an die Eltern aufgeben. Sich vom Freund zu verabschieden würde bedeuten, sexuelle Bedürfnisse mit dem Ehemann befriedigen zu müssen. Dies war ihr jedoch von dem Zeitpunkt an unmöglich, als sie mehr innere Autonomie erlangt hatte, und die Tatsache, daß der Ehemann als Eltern-Substitut fungierte, in Bewußtseinsnähe gerückt war.

Zweiter Teil

IV. Institutionalisierte und kollektive Formen der psychosozialen Abwehr

In den vorangegangenen Kapiteln wurden verschiedene Typen psychosozialer Abwehrkonstellationen beschrieben, für die als gemeinsame wesentliche Komponente gelten kann, daß sie durch ad hoc sich bildende interpersonale Arrangements entstehen. Darüber hinaus aber gibt es Abwehrkonstellationen, die sogar in besonderem Maße die Bezeichnung psychosozial verdienen, bei denen soziale Rollensysteme und Institutionen maßgebend sind und deren Abwehrfunktion einen wichtigen Bestandteil der Struktur des betreffenden sozialen Systems ausmacht.
Dieser Form der institutionalisierten psychosozialen Abwehr begegnet man entweder innerhalb festgelegter Rollensysteme oder aber in kulturell tradierten Symbolsystemen, wie z. B. Riten, Mythen und Religionen.
Im folgenden wird insbesondere die Abwehr in Rollensystemen besprochen werden, da eine adäquate Behandlung der Abwehrkomponente überlieferter Symbolsysteme sicher eine Studie für sich beanspruchen würde.

1. Institutionen

Der Aspekt der psychosozialen Abwehr kann bei allen möglichen sozialen Systemen, also bei Organisationen, Assoziationen, Institutionen oder multidimensionalen Sozialgebilden wie dem Staat, nachgewiesen und studiert werden. Wenn wir uns hier auf die *Institutionen* beschränken, so geschieht dies, weil sie sozusagen eine besondere Affinität dazu aufweisen.
Zwar bietet jedes Sozialsystem die Möglichkeit zu interaktionell aufgebauter Abwehr schon dadurch, daß soziale Systeme Rollensysteme sind und sich auch als solche beschreiben und analysieren lassen. Die Möglichkeit einer neurotischen Ausgestaltung oder Ausnützung der gegenseitigen Rollenerwartungen ist gegeben. Während jedoch in anderen Systemen, wie Assoziationen und Organisationen, diese Rollen vorwiegend und im wesentlichen zielgerichtet sind, nämlich bezogen auf Regulierung und Siche-

rung der Arbeitsverteilung und der Leistungsfähigkeit, stellen die Institutionen »Handlungs- und Beziehungsmuster dar, die vor allem durch die Verankerung der zentralen Ordnungswerte in der Antriebsstruktur der Gesellschaftsmitglieder gekennzeichnet sind« (Bühl, 1973). Dies impliziert meines Erachtens, daß die Struktur und die Prinzipien einer Institution nicht nur zweckrational aufgebaut sind, sondern darüber hinaus sich auf gemeinsame Werte, Einstellungen und gefühlsmäßige, oft nicht klar erkennbare und definierbare Motivationen stützen. Aus eben diesem Grunde sind Institutionen geradezu prädestiniert, neben ihren anderen Funktionen auch psychosoziale Abwehr-»Aufgaben« zu übernehmen.

Dies bedeutet freilich keine Abwertung oder globale Verteufelung der Institution: Institutionen sind offensichtlich für das Überleben und eine differenzierte Fortentwicklung des Menschen unerläßlich. Sowohl der kulturanthropologische Ansatz in der Soziologie (vorwiegend Gehlen), der die Institutionen vor allem als gesellschaftlichen Instinkt-Ersatz zur Stabilisierung des menschlichen Verhaltens betrachtet, als auch der struktural-funktionelle Ansatz, der die Bedeutung der Institution für die Selbsterhaltung des sozialen Systems betont, gehen davon aus, daß Institutionen zentrale und vital wichtige Funktionen zu erfüllen haben. Durch die automatische Regulierung von Handlungs- und Beziehungsabläufen ermöglichen sie eine erhebliche »Entlastung« (Gehlen), die schließlich zur Sicherung der Befriedigung von Bedürfnissen des einzelnen beiträgt.

Dennoch hat der Mensch nicht nur Bedürfnisse, die aus seiner realen, objektiv gegebenen biopsychosozialen Situation entspringen, sondern auch solche, die man irreal, infantil (in inadäquater Weise auf die Vergangenheit bezogen), eben »neurotisch« nennt. Er bedarf nicht nur der »Entlastung« von der Bürde der Entscheidung zwischen vielfältigen möglichen Verhaltensweisen und der Orientierung in der Fülle von Eindrücken und Reizen, von denen er überflutet wird (Gehlen), sondern er strebt auch eine schnelle Entlastung von neurotischen Spannungen, Ängsten und Konflikten an.

Es geht ihm also auch um die Chance, mit Hilfe von institutionell verankerten Handlungs- und Beziehungsmustern regressive Triebbedürfnisse zu befriedigen, Schutz- bzw. Abwehrverhalten gegen irreale, phantasierte, infantile, insgesamt nicht real begründete Ängste, Depressionen, Scham- und Schuldgefühle zu sichern.

Die Vermutung, daß Institutionen im Vergleich zu anderen Sozialsystemen bevorzugt im Dienste der neurotischen psychosozialen Abwehr stehen, läßt sich durch verschiedene Beobachtungen auf unterschiedlichen Gebieten bestätigen. In einigen Fällen und in bestimmten Bereichen steht sogar der Abwehraspekt innerhalb der Institution primär im Vordergrund. Häufiger jedoch wird sie der Hauptfunktion sekundär aufgepfropft. Schließlich kommt es auch vor, daß ein Sozialsystem, insbesondere eine Institution mit einer primär ganz anderen Hauptfunktion, sich allmählich in eine Abwehrkonstellation verwandelt.

Angesichts dieser Vielfalt von Möglichkeiten und ihren Kombinationen ist es nicht leicht, »reine« Beispiele anzuführen, denn meistens handelt es sich doch um mehrfach determinierte und vielschichtige Prozesse, bei denen die Einzelfunktionen nur künstlich auseinandergehalten und demonstriert werden können.

Versuchen wir trotzdem, das Gemeinte am Beispiel patriarchalisch strukturierter Institutionen zu veranschaulichen, wie etwa dem in Japan noch heute straff reglementierten Handlungs- und Verhaltensmuster innerhalb großer Industriefirmen mit langer Tradition, oder auch, um ein ganz anderes Beispiel heranzuziehen, eine deutsche Universitätsklinik alten Typs. Ich spreche hier bei solchen Sozialgebilden von Institutionen, weil es nicht so sehr um die konkrete Organisation des Betriebs oder der Universitätsklinik geht, sondern um die Summe der für die Motivation des einzelnen relevanten, feststehenden Handlungs- und Beziehungsmuster, die den Umgang der Mitglieder regulieren.

Es steht gewiß außer Zweifel, daß die bei einer solchen Institution prägnant definierte und sehr ausgeprägte Rollenverteilung primär nicht etwa der individuellen neurotischen Abwehr, sondern anderen Zielen dient, nämlich der rationalen Arbeitsteilung, also dem Leistungszuwachs, aber auch der Prestige-, Macht- und Profitmaximierung, der Entlastung im Sinne Gehlens, der Förderung von Lernprozessen und der Vermittlung von Kenntnissen und Fertigkeiten, schließlich der Festigung und Tradierung bestimmter Wertsysteme.

Auf der anderen Seite kann nicht übersehen werden, daß die hier angebotenen komplementären Rollen auch eine individuelle Abwehr im Sinne der in früheren Kapiteln diskutierten interpersonalen Abwehrkonstellationen ermöglichen, ja, daß vielleicht gerade dieser dem einzelnen mitgelieferte »Service« ihn zur Unterstützung des Systems und zum Festhalten an seiner Rolle motiviert. Der patriarchalische Chef mag wegen seiner systemimmanenten autoritären Haltung und der damit einhergehenden Unterdrükkung unangenehm, sogar verhaßt sein, andererseits übernimmt er eine quasi väterliche Funktion, er schützt vor äußeren Gefahren, er garantiert (tatsächlich oder angeblich) eine sichere Zukunft, er übernimmt die Verantwortung im Hinblick auf wichtige Entscheidungen etc.

Auf einer tieferen, unbewußten Ebene mag er auch als geeignete Vaterübertragungsfigur wahrgenommen werden, an der die ödipale Problematik weitab von der eigenen Familie heftig agiert werden kann.

Umgekehrt wiederum dient diese Konstellation dem »Chef« selbst bei der Überwindung von Minderwertigkeitsgefühlen und bei der Festigung von Größenphantasien. Sie hilft ihm beim Verleugnen, Rationalisieren, Verschieben. Seine Angst vor Verantwortung, seine Zweifel an seiner eigenen Potenz und seinen Fähigkeiten kann er dadurch besser kompensieren. Aber auch bei der Verdrängung von Schuldgefühlen, die infolge seines aggressiven Verhaltens entstehen, ist sie ihm nützlich – er handelt ja im Rahmen seiner Aufgabe und Funktion. So hat er Gelegenheit, in legaler Weise aggressive Affekte auf die Untergebenen zu verlagern und dort abzureagieren.

Auf einer tieferen, unbewußten Ebene schließlich hilft ihm womöglich diese aktive, eingreifende, herrschende Rolle bei der Festigung seiner individuellen Abwehr gegen eigene Passivitäts- und Geborgenheitswünsche.

Um es noch einmal klarzustellen: Die hier zur Diskussion stehenden sozialen Strukturen, insbesondere die Institutionen, sind sicher nicht aus der Sorge der Gesellschaft um die individuelle neurotische Abwehr des einzelnen, sondern unter dem Einfluß sachbezogener Notwendigkeiten sowie politisch-ökonomischer Interessen entstanden. Es ist aber wahrscheinlich, daß diese letzteren sich individuell neurotischer Bedürfnisse bedienen, indem sie »Lösungen« präsentieren, die über die genannten primären Zielsetzungen hinausgehen und eine Art Prämie darstellen, die zu einer besseren Motivation der Beteiligten beiträgt.

Aber auch der umgekehrte Weg, die entgegengesetzte genetische Sequenz ist zu beobachten: Soziale Systeme und insbesondere Institutionen, die primär wahrscheinlich mehr aus der Notwendigkeit einer Abwehr gegen Ängste des einzelnen entstanden sind (z. B. Riten, Mythen, Religionen, Aberglaube usw.), werden sekundär in ihrer Funktion abgewandelt, so daß sie schließlich in erster Linie politischen oder ökonomischen Zielen dienen. Aber auch in diesem Falle wird das psychosoziale Abwehrpotential als wichtige Motivation beibehalten oder sogar aus eben diesem Grunde gefördert.

Die gegenseitige Bescherung unter dem Weihnachtsbaum war wahrscheinlich ursprünglich eine nützliche und wertvolle »Entlastung« im Sinne Gehlens: Formulierungs-, Ausdrucks-, Entscheidungshilfe im Miteinander-sich-freuen-und-Feiern. Gleichzeitig war sie eine soziale Übung im Geben und Nehmen und sicher noch vieles andere mehr.

Die ursprünglichen Ziele wurden aber mit der Zeit vielfach pervertiert, neurotisiert. Der Psychotherapeut erfährt viel über das komplizierte Geflecht von Erwartung, Enttäuschungen, indirekten Bestrafungen in Gestalt zu üppigen oder zu spärlichen Schenkens und Beschenktwerdens.

Schließlich hat sich in der Überfluß- und Konsumgesellschaft auf der Basis dieser lang tradierten Institution das vorweihnachtliche Millionengeschäft entwickelt.

Eine solche Gefahr der Kommerzialisierung bedroht also nicht nur Institutionen mit einer schon primären psychosozialen Abwehrfunktion, sondern auch institutionalisierte Symbol- und Rollensysteme, die ursprünglich eigentlich die Befriedigung nichtneurotischer Bedürfnisse zum Ziel hatten.

Ein weiteres Beispiel dafür ist der Sport, insbesondere der Fußball. Primär sind innerhalb dieses Aktivitätsbereichs sehr viele Möglichkeiten unneurotischen Verhaltens, nichtpathologischer Bedürfnisbefriedigung und Selbstverwirklichung gegeben, und zwar sowohl für die aktiv Beteiligten als auch für diejenigen, die als Zuschauer an technisch schönen, gelungenen Leistungen und Spielen teilnehmen können. Auch die Möglichkeit, Solidarität zu erleben bei gleichzeitiger individueller Unabhängigkeit und Selbständigkeit, erscheint in diesem Zusammenhang sehr wichtig.

Diese primären Interessen und Befriedigungsmodi können jedoch zunehmend von Erlebens- und Verhaltensweisen übertönt werden, die eindeutig den Charakter von Ersatzbefriedigungen und Abwehrkonstellationen haben. Die offenkundigen, heftigen Identifikationen mit den Helden auf dem Fußballplatz, die schweren narzißtischen Kränkungen im Falle der Niederlage und die manisch anmutenden Zustände im Falle des Sieges machen dies deutlich. Während der Fußballweltmeisterschaft in London hat ein Münchner, nachdem Deutschland im Endspiel endgültig von den Engländern geschlagen worden war, seinen Fernseher, an dem er die Übertragung verfolgt hatte, zertrümmert und ist anschließend aus dem Fenster gesprungen.

Es ist offensichtlich, daß Fußballspiele in der heutigen Ausweitung und Intensivierung des Erlebten mittels der Medien zu einem wichtigen Faktor in der narzißtischen Homöostase von Millionen von Individuen geworden sind.

Das besonders Bemerkenswerte ist dabei allerdings die Tatsache, daß diese Entwicklung parallel zu einer Kommerzialisierung und Politisierung des Sports und des Fußballs stattfindet. Diese Aspekte sind ja gut bekannt: Ablenkung von wichtigen politischen Ereignissen und Konflikten, Ermöglichung einer harmlosen Entladung aufgestauter Aggressionen und Spannungen, finanzielle Vorteile für den Staat und bestimmte Interessentengruppen, Zuwachs an nationalem Prestige usw.

Diese zeitliche Koinzidenz ist sicher keine zufällige. Sport im allgemeinen und Fußball im speziellen können nur in dem Maße in den Dienst der eben angedeuteten politischen und ökonomischen Ziele gestellt werden, als sie gleichzeitig dem einzelnen höchst wirksame psychosoziale Abwehrkonstellationen und Ersatzbefriedigungen zur Verfügung stellen. Dabei geht es meines Erachtens und entgegen einer weitverbreiteten Auffassung nicht so sehr um den Abbau aufgestauter Aggressionen als um die Wiederherstellung der narzißtischen Homöostase, also um die Pseudoüberwindung von Minderwertigkeitsgefühlen, narzißtischen Kränkungen und Niederlagen auf dem Wege teilnehmender Identifikationen.

Vielleicht hat man bisher die Bedeutung solcher Bedürfnisse und solcher Abwehrsysteme nicht genügend beachtet. Unsere freilich nur skizzenhafte Darstellung zeigt immerhin, wie sehr Max Pagès im Recht ist, wenn er verlangt, daß bei der Analyse sozialer Strukturen und Systeme die politisch-ökonomische und die psychosoziale Hintergrundsdynamik- und Genetik simultan untersucht werden sollten.

Es fehlt freilich nicht an Ansätzen in dieser Richtung. So hat Erich Fromm schon vor langem die autoritäre soziale Struktur als den Mechanismus einer Flucht vor einem unerträglichen Gefühl der Isolierung und Unsicherheit beschrieben. Gerade solche Formulierungen könnten allerdings dem Mißverständnis Vorschub leisten*, soziale Systeme und insbesondere Institutionen seien psychologisch abzuleiten, während sie in Wirklichkeit primär doch aus sachbezogenen Notwendigkeiten (z. B. echte, nichtneurotische Entlastung) und ökonomischen bzw. machtpolitischen Interessen entstehen. Die »mitbedienten« neurotischen Bedürfnisse tragen dann allerdings zur Stabilisierung dieser Strukturen und somit auch zur zusätzlichen Sicherung der primären Ziele bei. Die sozialpsychologische Theoriebildung beginnt in den letzten Jahren die psychosoziale Abwehr zu berücksichtigen, wobei man bemüht ist, die Analyse konsequent auch in tiefere, bewußtseinsfernere Schichten vorzutreiben. So stellt z. B. Jaques die Hypothese auf, »daß die sozialen Institutionen eine Verstärkung der individuellen Abwehrmechanismen ihrer Mitglieder gegen die psychotische Angst ermöglichen. Sie erfüllen mithin eine unbewußte Abwehrfunktion, die zu den bewußten Funktionen positiver libidinöser Befriedigung und rationaler sozialer Kooperation hinzutritt. Einer der Ursprünge sozialer Bindung wäre also der kollektive Kampf gegen die Angst« (zit. nach Pagès, 1974). Max Pagès selbst geht noch entschiedener davon aus, daß soziale Strukturen eine Abwehrfunktion haben. So meint er z. B.: »Der Autoritätsstruktur kommt die Funktion zu, den Mitgliedern der Organisation Gestalten anzubieten, in die sie sich entfremden, mit denen sie sich identifizieren und die folglich als gemeinschaftliches Objekt kollektiv empfundener Gefühle der Feindseligkeit und der positiven Liebe dienen können. Letztlich ist die Funktion der Autoritätsbeziehung in ihrer Gesamtheit eine Funktion kollektiver Abwehr der Trennungsangst, die kollektiv von den Mitgliedern der Organisation erlebt wird« (a.a.O.).

Allerdings gilt auch hier unsere kritische Bemerkung im Hinblick

* Erich Fromm unterliegt allerdings nicht diesem Mißverständnis und lehnt eine direkte psychologische Interpretation des Sozioökonomischen ab.

auf das Suchen nach psychologisierender Monokausalität. Max Pagès selbst hat sich in diesem Punkt anläßlich einer späteren Veröffentlichung korrigiert (1974).

2. Der Zerfall von Institutionen und seine Folgen für die psychosoziale Abwehr

Im Rahmen größerer, umgreifender politisch-historischer Wandlungen, die den Zerfall von sozialen Systemen und insbesondere von Institutionen mit sich bringen, kommt es auch zur Auflösung der damit zusammenhängenden institutionalisierten psychosozialen Abwehrkonstellationen und wiederum in der Folge davon – wenigstens in der Übergangsphase – unvermeidlich zu Komplikationen im seelischen Gleichgewicht des einzelnen.* So läßt sich vermuten, daß z. B. die rasche Auflösung hierarchischer Systeme und autoritärer Strukturen – so sehr diese Entwicklung im Prinzip als eine positive, da emanzipatorische angesehen werden muß – zumindest vorübergehend zur Dekompensation einzelner Individuen führen kann. Dies geschieht bezeichnenderweise nicht nur bei denjenigen, die bis dahin die größeren Machtvorteile hatten, sondern gerade bei den Untergebenen, die zunächst ihre neugewonnene Freiheit nicht leicht vertragen können. Ist dies schon für politisch-ökonomische soziale Systeme anzunehmen, bei denen die psychosoziale Abwehr nur eine zusätzliche Funktion darstellt, so gilt es um so mehr für Institutionen, bei denen Abwehr an erster Stelle rangiert. Während umgreifender geschichtlicher Wandlungen, die vom Abbau solcher Institutionen, wie z. B. von Religionen, begleitet werden, breitet sich bei der Mehrzahl der Individuen eine tiefgehende Verunsicherung aus. Bei vielen sind regelrechte Krisen zu erwarten. Dies ist auch verständlich, wenn man bedenkt, daß hier Abwehrformen nicht etwa freiwillig, nach Vollzug einer inneren Reifung aufgegeben werden. Die Abwehr bricht vielmehr aus äußeren Gründen zusammen, so daß der einzelne womöglich gar nicht darauf vorbereitet ist.

* Welche Folgen nun der Abbau von Institutionen generell, also auch unabhängig von ihrer psychosozialen Abwehrfunktion, haben kann, wurde von A. Mitscherlich (1963) am Beispiel der *Vaterlosen Gesellschaft* paradigmatisch dargestellt.

Die Tatsache, daß eine Reihe solcher institutionalisierter »Ich-Stützen« plötzlich fragwürdig wird, kann also zu psychischen Dekompensationen führen, zumal bei entsprechend prädisponierten und Ich-schwachen Menschen (vgl. hierzu auch das Kapitel über die interpersonale Abwehr psychotischer Patienten).
Man kann sich also überhaupt die allgemeinere Frage stellen, ob nicht der massive Abbau institutionalisierter Abwehrsysteme in den letzten hundert Jahren (etwa der Religion, der streng patriarchalisch aufgebauten Familie, des Mann-Frau-Rollensystems in der Ehe usw.) zu einer tatsächlichen Vermehrung psychischer oder auch psychosomatischer Störungen geführt hat, und zwar dadurch, daß die »altbewährten« psychosozialen Abwehrformen abgebaut wurden, ohne daß die beteiligten Individuen durch innere Reifung darauf vorbereitet wurden und ohne daß ihnen dafür ein Ersatz geboten worden wäre.
Die Frage, ob neurotische oder psychosomatische Störungen absolut zugenommen haben, ist freilich kaum mit ausreichender Wahrscheinlichkeit zu beantworten; die heutigen statistisch höheren Zahlen können ohne weiteres mit der Aufklärung der Bevölkerung, der besseren Erfassung, der differenzierten Diagnostik zusammenhängen. Dagegen sind qualitative Veränderungen im Manifestationsbild oder Verschiebungen der höheren Morbiditätsraten von einer Sozialgruppe in die andere sicherer zu erfassen und in ihrer Aussage – in bezug auf unsere Fragestellung – wichtiger.
So gilt es z. B. als gesichert, daß Zwölffingerdarmgeschwüre, die heute fast viermal häufiger bei Männern als bei Frauen vorkommen, im 19. Jahrhundert häufiger bei Frauen auftraten. Um die Jahrhundertwende war der Unterschied nur noch klein, um 1910 (wenigstens in Nordamerika) lautete das Verhältnis 1:1. Es gibt einige Hypothesen zur Erklärung dieses bemerkenswerten Wandels; alle machen sie Veränderungen von Sozialstrukturen und Institutionen dafür verantwortlich (Rosenbaum, 1967, S. 1049). Eine Hypothese geht davon aus, daß die Männer im 19. Jahrhundert in einer günstigeren Position waren, da sie sowohl ihre aggressiven als auch ihre Abhängigkeitstendenzen offener zeigen konnten: Es war für sie relativ leicht, bei der Arbeit aktiv zu sein und sich gleichzeitig zu Hause von ihren Frauen bemuttern und verwöhnen zu lassen. Im Gegensatz dazu waren die Frauen zwar in der Lage, zu Hause ihre Abhängigkeitswünsche einigermaßen

zu befriedigen, ihnen wurde jedoch kaum die Möglichkeit geboten, auf dem sozialen Feld ihre aggressiven oder ihre Unabhängigkeitswünsche zum Ausdruck zu bringen.

Nach der Jahrhundertwende änderte sich das Bild. Die Männer sahen sich in zunehmendem Maße sozialen und ökonomischen Belastungen ausgesetzt. Dadurch kam es zu einer Frustration der aggressiven Tendenzen und Mobilisierung von Abhängigkeitswünschen. Auf der anderen Seite ermöglichte das neue soziale Klima es nunmehr den Frauen, ihre früher tabuisierten kompetitiven oder Unabhängigkeitstendenzen offener zum Ausdruck zu bringen. Aber es war ihnen auch weiterhin gestattet, sich abhängig zu zeigen, ohne daß sie sich deswegen zu schämen brauchten. Sie konnten sogar beides alternativ erleben, ohne Sanktionen befürchten zu müssen. Auf jeden Fall war für die Aufrechterhaltung ihres inneren Gleichgewichtes weniger Verdrängung und weniger Reaktionsbildung nötig. Dies bedeutet keineswegs, daß sich die Frauen seither idealer Lebensbedingungen erfreuen, sondern nur, daß sie speziell in bezug auf die Ulcus-Psychodynamik und -Psychosomatik sich in einer günstigeren Position befinden als die Männer. Auf der anderen Seite scheint dafür aber innerhalb der weiblichen Population die Morbidität für andere Erkrankungen anzusteigen.

Man kann also mit einer gewissen Berechtigung davon ausgehen, daß Institutionen – unabhängig von ihren sonstigen Funktionen und Bedeutungen innerhalb eines bestimmten gesellschaftlichen Systems – *auch* Abwehrkonstellationen ermöglichen, die vielfach entweder besondere, neurotische Konfliktbearbeitungen darstellen oder in anderen Fällen in der Art eines »Stützkorsetts« sogar Schwächen der Ich-Struktur kompensieren. Ihr Abbau, ihr Verschwinden aus äußeren Gründen, macht andere Formen neurotischer Bearbeitung erforderlich oder führt zur Aufdeckung von bis dahin versteckten Defekten und Störungen.

Diese Ausführungen berechtigen selbstverständlich keineswegs zu Schlußfolgerungen in Richtung auf eine konservative Verteidigung des Status quo. Abgesehen davon, daß wir die geschichtliche Entwicklung nicht zurückdrehen können, würde der Versuch einer Restitution auch im Hinblick auf die hier interessierende Thematik einen eindeutigen Rückschritt bedeuten. (Darüber Näheres im Kapitel über Institutionsveränderungen und Institutionsberatung.) Hier ging es nur darum zu signalisieren, daß der Abbau

defensiver psychosozialer Systeme neben seinen fraglos positiven Seiten zunächst auch negative Folgen haben kann, sofern er unvorbereitete Individuen trifft.
Um es noch einmal mit einer Analogie zu verdeutlichen: Die Einführung der Ganzheitsmethode in der Schule hat zwar die Schüler von dem sklavischen und mühsamen Erlernen der einzelnen Elemente befreit, dafür jedoch bei einer nicht kleinen Anzahl von Kindern eine strukturelle Schwäche, nämlich die Legasthenie, aufgedeckt oder deutlicher gemacht. Will man wegen ihrer Vorteile trotzdem bei der Ganzheitsmethode bleiben, so müßte man gleichzeitig für Legasthenikerunterricht sorgen.
Bevor wir uns speziell mit der Problematik des Institutionswandels sowie der Veränderungsstrategien innerhalb von Institutionen beschäftigen, wollen wir im folgenden an einigen Beispielen das Konzept der psychosozialen Abwehr noch weiter verdeutlichen und demonstrieren, und zwar nicht nur bei Institutionen, sondern auch bei anderen sozialen Gebilden und sozialen Vorgängen.

3. Drei Beispiele

A. Die Werbung

Es wäre paradox, wenn die Werbung, die ja nicht nur vorhandene Bedürfnisse auszunutzen weiß, sondern darüber hinaus neue Bedürfnisse zu erwecken bemüht ist, nicht versucht hätte, auch die uns hier interessierenden neurotischen Bedürfnisse für ihre Ziele zu verwenden. Die Markt- und Motivationsforschung zeigt, insbesondere auch mit Hilfe projektiver Tests, »daß Käufer und Wähler die Beweggründe ihres Handelns nur recht wenig kennen, d. h., daß dieses vielfach Bedürfnissen und Interessen entspringt, die entweder wirklich unbewußt sind oder die man sich selbst und anderen nur ungern eingesteht. Das gilt naturgemäß auch für die Hemmungen, die sich der Wahl einer angebotenen Alternative entgegenstellen und deren Beseitigung sich die Werbung angelegen sein läßt« (Hofstätter, 1957, S. 328).
Die Zigarettenwerbung verleugnet nicht nur systematisch die Gefahren des Rauchens; vielmehr werden die angeblichen Vorteile über Gebühr hervorgehoben und Größenphantasien, idealisie-

rende Glücksvorstellungen und ähnliches in assoziativen Zusammenhang mit dem Rauchen gebracht. Das Rauchen scheint geradezu die Verwirklichung solcher Größenphantasien oder die Erreichung des Glücks zu garantieren. Kränkungen, Minderwertigkeitsgefühle werden durch den Rauchgenuß, durch die Annäherung an die »große weite Welt« mittels Identifizierung mit jungen, glücklich erscheinenden Menschen überkompensiert. Männer fühlen sich einfach dadurch, daß sie rauchen, in der Nachbarschaft ausgesprochen männlicher, sportlicher Typen. Frauen partizipieren durch den Zigarettengebrauch am Erscheinungsbild von jungen, schönen, emanzipierten Frauen.
Harte Männer, Kosakenbilder, Lederartikel erscheinen in geschickter Kombination mit der Flasche eines bestimmten Alkoholgetränks, so daß der Konsument durch die einzige ihm mögliche Partizipation, nämlich das Trinken, sich mit der dort dargestellten Welt identifizieren kann. Das primäre Ziel des Werbenden (sei es, daß es sich um eine Firma, einen Industriezweig oder auch eine Partei oder eine Regierung handelt) ist sicher nicht die Befriedigung dieser neurotischen Bedürfnisse oder die Stärkung der neurotischen Abwehr. Das primäre Interesse des Werbers ist ein ökonomisches oder politisches. Seine Durchsetzung wird dadurch erreicht, daß dem Empfänger einiges geboten wird: ein Stück echter Information, Inhalte und Formen zur Befriedigung ästhetischer Spiel- und Unterhaltungsbedürfnisse, schließlich aber auch eine künstliche Pseudorealität, die den neurotischen Bedürfnissen entspricht. Der Vorgang beschränkt sich allerdings nicht auf diesen Austausch zwischen Werber und Empfänger. Indem Empfänger sie akzeptieren und danach handeln, verwandelt sich die vorgegaukelte Pseudorealität partiell in echte soziale Wirklichkeit, z. B. in Gestalt eines Rollensystems von Erwartungen. Wachsen die suggerierten Zusammenhänge zu einer kollektiven Überzeugung aus, so stellen sie eine soziale Realität dar, die sich auf den einzelnen als kollektiver Druck auswirkt, sofern er sich nicht nach dieser allgemeinen Überzeugung richtet.
Die Sicherung seines ökonomischen oder politischen Vorteils hängt für den Werber weitgehend von der adäquaten Befriedigung nicht nur der Informations- oder ästhetischen und Unterhaltungs-, sondern eben auch der neurotischen Bedürfnisse der Empfänger ab. Deshalb wird er ein Interesse daran haben, etwa durch Markt- und Motivationsforschung auch die zuletzt ge-

nannten Bedürfnisse aufzuspüren und sie für seine Ziele auszunützen.

Gelingt es ihm, durch die Werbung kollektive Überzeugungen herzustellen, so ist ihm der Erfolg noch sicherer, weil daraus eine selbsterzeugte Verstärkung des psychosozialen Abwehrpotentials resultiert, nämlich via gegenseitiger Identifikationen (vergleiche hierzu auch das nächste Kapitel über Gruppenidentität).

Allerdings läßt sich das »Übel« keineswegs beheben, indem man die Werbung etwa – wie in den sozialistischen Ländern – durch Nivellierung individueller ökonomischer Interessen einfach abschafft. Das Resultat war dort neben bestimmten positiven Aspekten und einigen wirtschaftlichen Komplikationen, die uns hier nicht beschäftigen können, unter anderem eine zunehmende Eintönigkeit des äußeren Städtebildes, die von den Bürgern bemerkenswerterweise als störend, als Mangel empfunden worden ist. Spätestens zu diesem Zeitpunkt wurde deutlich, daß die Werbung offensichtlich nicht nur ökonomischen Interessen dient, sondern daß sie nebenbei – gerade zur Sicherung dieser Interessen – noch viele andere Bedürfnisse befriedigt.

B. Gruppenidentität

Die Bedeutung der psychosozialen Abwehr innerhalb formeller und informeller Gruppierungen ist kaum zu übersehen. Dies läßt sich am ehesten bei Subkulturen wie ethnischen Minoritäten, Hippiegruppen, Banden von Jugendlichen usw. demonstrieren. Solche Systeme erfüllen wiederum mehrere Funktionen. Eine ihrer wichtigsten Aufgaben liegt aber in ihrer Abwehrfunktion, insbesondere auch in der Angstabwehr. Gemeint ist hier zumal das Bedürfnis nach einer Identität und die damit zusammenhängende Angst des einzelnen vor Identitätsverlust oder Identitätsdiffusion. Mit Hilfe sich gegenseitig verstärkender Identifikationen und durch die gemeinsame Fixierung und Gleichschaltung in bezug auf bestimmte äußere Verhaltensmuster, innere Einstellungen und Wertschätzungen (und zwar im Gegensatz oder in Abgrenzung zur Einstellung anderer Gruppen) gelingt es hier, eine Stabilität des Identitäts- und Selbstwertgefühles zu erreichen sowie eine Selbstdefinition herzustellen. Der Vorgang verdient schon deshalb die Bezeichnung »psychosozial«, da er im wesentlichen auf dem interaktionellen Austausch beruht.

In gewisser Hinsicht können *Subkulturen* als relativ reife psychosoziale Abwehrkonstellationen angesehen werden, die in bestimmten Grenzen einen integrativen, angstmindernden Einfluß haben können.

Es ist deswegen verständlich, wenn z. B. erfahrene Soziotherapeuten von schwergestörten Delinquenten in soziotherapeutischen Anstalten (darüber haben holländische Psychoanalytiker berichtet) u. a. die Bildung von Subkulturen – wie sie sich auch sonst bei Langzeitinhaftierten bilden – dulden, ja sogar indirekt fördern. Es hat sich gezeigt, daß dadurch der Angst- und Aggressionspegel insgesamt gemindert und auf jeden Fall auf einem günstigen Niveau gehalten werden kann. Jedes Mitglied einer solchen Subkultur erhält durch das konforme Verhalten der anderen eine Bestätigung der eigenen Selbstdefinition. Das Ganze kann als eine komplizierte kollektive Abwehr von Rollendiffusion und -desintegration verstanden werden. Abtrünnige Verräter werden streng bestraft, weil sie das System in Frage stellen und somit in Gefahr bringen. Der einzelne steht deswegen unter einem erheblichen Druck oder Zwang, der aus der ihm zugewiesenen Rolle in der Subkultur hervorgeht.

Dieses Prinzip läßt sich auch an anderen Gruppierungen feststellen: Ein Abstinenzler unter Alkoholikern ist nicht tragbar. Er zerstört die gemeinsame und durch gegenseitige Imitation und Suggestion gefestigte Illusion, daß Alkohol ein gutes Mittel zur Überwindung von Schwierigkeiten sei. Aus diesem Grunde versucht man, den Abstinenzler entweder zum Trinken zu verführen, oder man stößt ihn ab. In ähnlicher Weise werden Abtrünnige in religiösen, politischen oder anderen Gruppen behandelt. Hier wird übrigens auch verständlich, warum solche Abtrünnigen oder »Verräter« viel strenger behandelt werden als der von Anfang an erklärte Feind oder Gegner. Der Abtrünnige stellt nämlich das von der Gruppe verwirklichte Abwehrsystem prinzipiell in Frage, während der fremde Gegner es nur von außen bedroht.

Diese Überlegungen könnten uns auch helfen zu verstehen, warum Andersdenkende gelegentlich relativ tolerant behandelt werden, während sie in anderen Konstellationen als böse Verräter gehaßt und mit erbarmungsloser Intoleranz bekämpft und abge-

stoßen werden. Es ist zu vermuten, daß letzteres dann geschieht, wenn die Meinungsdifferenz nicht nur eine andersartige Auffassung bedeutet, die falsch oder richtig sein kann, sondern darüber hinaus die Erschütterung oder das Infragestellen bestimmter Abwehrhaltungen involviert. Religionskriege, aber auch unerbittliche Kämpfe zwischen philosophischen, künstlerischen oder wissenschaftlichen Schulen kommen wahrscheinlich dadurch zustande, daß solche Abwehrsysteme durch den Gegner und insbesondere durch den Abtrünnigen in Frage gestellt werden.
Überhaupt könnte man sich fragen, ob nicht das Problem Toleranz–Intoleranz auf der Grundlage dieser Überlegungen etwas besser zu verstehen wäre. Es scheint nämlich eine positive Korrelation zwischen neurotischer Abwehr und Intoleranz zu bestehen. Dies gilt insbesondere für die psychosoziale Abwehr.
Wichtig ist dabei, daß man nicht nur innerhalb der eigenen Gruppe Kohäsion und Widerspruchslosigkeit anstrebt, sondern daß man genauso notwendig die Gegnerschaft, die Gegengruppe, den Bösen »braucht«.
Mir scheint, daß man solche Phänomene zu schnell und zu einseitig unter die Rubrik »Sündenbock« eingeordnet hat. Nicht in jedem Fall handelt es sich nur um Aggressionsabfuhr. Hier könnte man von einer pathologischen »komplementären Identität« sprechen (vgl. hierzu das Kapitel über Versuche einer Typologie und insbesondere die »Rolle des negativen Selbst«).

C. Strafrecht und kollektive psychosoziale Abwehr

Die These, daß die Gesellschaft Strafrecht und Strafjustiz als Institutionen einer kollektiven Abwehr, evtl. sogar auch einer kollektiven Triebabfuhr brauche, ist nicht neu. Sie stützt sich vorwiegend auf die Feststellung von Diskrepanzen und Widersprüchen zwischen den behaupteten und den realisierbaren Strafzwecken. H. Dechêne gab zuletzt (1975) einen Überblick über die einschlägigen Beiträge, wobei er kurz die älteren Autoren wie Wittels, Alexander und Staub, Fromm und schließlich Reiwald erwähnte, um sich dann ausführlicher mit den neueren Arbeiten von Plack, Hochheimer und insbesondere Ostermeyer zu beschäftigen.
Es kann hier nicht unsere Aufgabe sein, die ausgesprochen kom-

plexe und schwierige Frage zu beantworten, ob Strafe als Sühne und als Präventivmaßnahme sinnvoll sei. Es geht hier nur um die Frage, ob die Institutionen des Strafrechts und des Strafvollzugs über ihre tatsächlichen oder angeblichen Ziele und Aufgaben hinaus noch eine zusätzliche Funktion im Sinne der neurotischen Ersatzbefriedigung und der neurotischen psychosozialen Abwehr ausüben. Die Beantwortung dieser Frage ist nicht zuletzt deswegen von praktischer Bedeutung, weil im Falle der Bejahung man konsequenterweise annehmen könnte, daß ein Teil der Widerstände gegen eine Reform des Strafrechts und des Strafvollzugs mit der mit einer solchen Reform einhergehenden Infragestellung psychosozialer Abwehrkonstellationen zusammenhängt.

Nun ist das Buch von Dechêne wie die in ihm ausführlich zitierten Arbeiten zum Teil polemisch; diese Texte sind ja auch Beiträge zu einer seit Jahren andauernden heftigen Auseinandersetzung innerhalb und außerhalb der Justiz. Schon Dechêne selbst entdeckte bei den früheren Kritikern des Strafrechts viele Schwächen und Einseitigkeiten, z. B. die Auffassung, Strafrecht und Strafjustiz seien praktisch nur als Institutionen zur kollektiven Triebabfuhr via Sündenbockprojektion zu verstehen!

Auf der anderen Seite sind aber viele Beobachtungen und daraus abgeleitete Schlußfolgerungen, wie sie am besten von Ostermeyer zusammengestellt wurden, nicht ohne weiteres von der Hand zu weisen. Nach Ostermeyer gehören zu den psychologischen Funktionen der Bestrafung folgende:

a) Moralische Rückgratverstärkung:
   Wenn das Strafrecht mit seinem Aneignungs- und Gewaltverbot Triebverzicht fordert, so werden die Gesetzestreuen für ihre Identifikation mit dem Recht in einer Art ausgleichender Gerechtigkeit belohnt, und zwar durch die Befriedigung ihrer auf den Gesetzesbrecher gerichteten Aggressionen; dadurch wird die Identifizierung immer wieder neu verstärkt.
b) Selbstbestätigung:
   Durch Überzeichnung allenfalls angedeuteter Gegensätze erfolgt eine nicht unbeträchtliche, noch dazu keinerlei Mühe kostende Selbstaufwertung – narzißtischer Gewinn.
c) Schuldprojektion:
   Eigene Schuldgefühle, eigene Schuld wird auf den Gesetzesbrecher (der sich viel offensichtlicher schuldig gemacht hat) projiziert. Ostermeyer mißt dieser Schuldentlastung die

größte Bedeutung bei, da er im Gegensatz zu anderen Autoren gleichfalls nicht so sehr die Möglichkeiten der Affektabfuhr als die Abwendung der Gefahren der Autoaggression im Auge hat. Eine Affektabfuhr sei ohnehin heute nicht in genügendem Maße möglich, da »das Erlebnis der Bestrafung, seit es keine öffentlichen Hinrichtungen mehr gibt ... mehr oder weniger ... ein Gehirnvorgang sei, der bei der Lektüre der Morgenzeitung (stattfindet), der als Phantasiegebilde zum Abreagieren nur bedingt geeignet ist«!

Es ist sicher schwierig abzuschätzen, in welchem Umfang diese Thesen eine empirische Bestätigung erfahren können. Die oft heftigen und irrationalen Reaktionen der Öffentlichkeit oder bemerkenswerte Inkonsequenzen in der Strafzumessung (vgl. hierzu die eindrucksvollen Überlegungen von Peter Hofstätter, 1963, S. 118) sprechen auf jeden Fall dafür, daß tatsächlich über die sachbezogenen Notwendigkeiten und womöglich auch die machtpolitischen Faktoren hinaus neurotische Bedürfnisse eine nicht unwesentliche Rolle spielen.

Dritter Teil

v. Einige Implikationen für die sozialpsychologische und psychotherapeutische Praxis

1. Vorbemerkung

Die Differenzierung zwischen interpersonalen Abwehrkonstellationen einerseits und institutionalisierter Abwehr andererseits, wie sie in diesem Buch durchgeführt wurde, stellt gewiß eine mitunter etwas künstliche Trennung dar, die jedoch aus Gründen begrifflicher Klarheit und übersichtlicher Gliederung notwendig war.

Komponenten der institutionalisierten Abwehr sind freilich indirekt auch innerhalb der Diskussion der interpersonalen Abwehr, z. B. im Kapitel über die Institution Ehe, besprochen worden. Auch das psychotherapeutische Arrangement oder die informellen Gruppen beinhalten institutionelle Bestandteile. Auf der anderen Seite wiederum nehmen die im zweiten Teil des Buches besprochenen rein institutionellen Abwehrformen im konkreten Fall oft den Charakter interpersonaler Abwehrformationen an. Es handelt sich also eigentlich um ein Kontinuum, innerhalb dessen man zwei Aspekte unterscheiden und Fragestellungen wie die folgenden formulieren kann:

Wie ist die Abwehrorganisation des konkreten Individuums in sein engeres Milieu und in den größeren sozialen Raum eingebettet?

Welche interpersonalen und sozialen Arrangements garantieren die Festigung und Stabilität seiner Abwehrorganisation?

Wie werden die Wünsche des einzelnen und seine Bedürfnisse nach Schutz vor neurotischen Ängsten in die Belange und Struktur sozialer Systeme eingebaut?

Inwiefern bieten sich bestimmte Elemente sozialer Systeme für die psychosoziale Abwehr des einzelnen an?

Die gegenseitige Abhängigkeit und Verquickung gehen sicher sehr weit, wahrscheinlich viel weiter, als man es sich üblicherweise vorstellt. Unsere These, um sie noch einmal zu erläutern, lautete: Nicht nur sachbezogene und machtpolitische Belange und Interessen des einzelnen und der Gruppe sind von maßgebender Bedeutung, sondern auch neurotische Bedürfnisse. Diese Aussage ist in dieser allgemeinen Form nicht neu. In der Praxis aber ist, so scheint mir, diese Art neurotischer Abwehr und neurotischer Bedürfnisse bis jetzt nicht hinreichend berücksichtigt worden. Erst in den letzten Jahren beginnt man, sie systematisch zu untersuchen und daraus resultierende Implikationen für die Praxis zu reflektieren (vgl. hierzu die zum Teil schon früher zitierten Arbeiten von Max Pagès, Richter, Jaques, Mentzies und Mitscherlich). Es ist sicher die Aufgabe einer psychoanalytisch orientierten Sozialpsychologie, diese Dimension bei der Institutionsanalyse wie überhaupt bei der Analyse sozialer Systeme zu verfolgen. Dies ist insbesondere im Hinblick auf die Veränderung sozialer Systeme besonders wichtig. Einige Versuche in dieser Richtung werden im folgenden kurz skizziert werden. Zuvor möchte ich jedoch auf drei Gefahren bei der Interpretation unserer Analysen unter diesem Gesichtspunkt aufmerksam machen.

2. Drei Gefahren

Die hier versuchte Analyse psychosozialer Phänomene innerhalb des Bezugssystems defensiver Prozesse, läuft Gefahr, in zumindest dreifacher Weise mißbraucht und pervertiert zu werden.

1. Es ist denkbar – vielleicht auch schon beobachtbar –, daß aus dieser Analyse eine in gewisser Hinsicht nihilistische Betrachtungsweise und entwertende Kritik abgeleitet werden; so gesehen, könnten alle nur möglichen menschlichen Aktivitäten als bloße Abwehrmanöver, Ersatzbefriedigungen und Überkompensationen hingestellt und damit weite Gebiete und viele Formen kollektiven Lebens und gemeinsame Bemühungen »weganalysiert« werden. Den alten Naivitäten wie »Kunst ist nur sublimierter Sexualtrieb« oder »Chirurgen sind sozial angepaßte Sadisten, die ihre Aggression sublimiert haben« ließen sich unter diesen Vorzeichen beliebig viele neue, nunmehr sozialpsychologisch inspirierte Aphorismen hinzufügen:

»Raumfahrtprojekte sind nur gewaltige kollektive Versuche, narzißtische Größenphantasien zu verwirklichen«;

»nationale Einheiten haben heute nur noch die Funktion einer kollektiven Abwehr der Angst vor Identitätsdiffusion«;

»Sport, zumal Fußball, dient heute nur der Aggressionsabfuhr und der Befriedigung narzißtischer Bedürfnisse von Millionen von Menschen« usw.

Gewiß mögen solche Aphorismen ein mehr oder weniger großes Körnchen Wahrheit enthalten, und was das letzte Beispiel betrifft, so habe ich selbst in einem früheren Kapitel die Vermutung geäußert, daß Fußball für die narzißtische Homöostase heute tatsächlich wichtig zu sein scheint.

Dennoch wäre es auch im Falle dieses Beispiels völlig falsch, bei der Erklärung eine Fülle weiterer psychologischer, psychosozialer und sozialer Dimensionen zu vernachlässigen.

Die Erregung, mit der Fußballspiele verfolgt werden, stammt nicht nur aus einem narzißtischen Interesse und bezieht sich nicht allein auf die Ungewißheit, ob die »eigene« Mannschaft auch gewinnen wird; eine Rolle spielt dabei auch ein allgemeines Bedürfnis nach Spannung und Entspannung, wie es etwa in Glücksspielen, beim Lesen oder Sehen von Kriminalgeschichten usw. befriedigt wird. Millionen von Jugendlichen, die alltäglich Fußball auf dem Sportplatz oder auf der Straße spielen, streben dabei nicht nur »narzißtische« Stärkung an, sondern sie erleben und lernen Solidarität, Fairneß, Kooperation. Selbst hinsichtlich der narzißtischen Stärkung müssen wir differenzieren; es wäre falsch, sie nur negativ zu bewerten. Hier gilt es zu unterscheiden zwischen den für die normale Entwicklung notwendigen vorübergehenden oder bleibenden Identifikationen und Projektionen einerseits und den starren bzw. unkorrigierbaren Idealisierungen oder – bei Enttäuschungen – abrupten Entwertungen und Verteufelungen sowie allen sonstigen möglichen pathologischen Formen solcher Prozesse andererseits. Die Grenze ist allerdings recht unscharf. So läßt sich z. B. schwer sagen, wo das Bewußtsein der nationalen Zugehörigkeit als einer gemeinsamen Identität in bezug auf Sprache, Tradition, Heimatland usw. aufhört, Bestandteil eines »normalen« Selbstbildes zu sein, wo also Nationalismus (einmal abgesehen von seinen sonstigen negativen politischen und sozialen Aspekten) zu einer pathologischen Form kollektiver Abwehr, zu einer kompensatorischen Überdeckung von Selbstwertgefühlsdefiziten des einzelnen wird. Aus dieser Lage der Dinge zu schließen, daß, etwa in der Erziehung, jedes Gefühl einer solchen Zugehörigkeit des einzelnen zu einer nationalen Gruppe ausgerottet werden müsse, da es ja nur eine neurotische Abwehr gegen Identitätsdiffusion darstelle, hieße unsere Analyse grob mißverstehen.

2. Die in unseren Ausführungen indirekt enthaltene Institutionskritik könnte dahingehend interpretiert werden, Institutionen seien schlechthin schädlich, nicht nur ausbeuterisch, sondern auch neurotisch und müßten deswegen im allgemeinen abgelehnt und abgeschafft werden.

Gerade um einem solchen Mißverständnis vorzubeugen, habe ich, wo immer dies möglich war, neben der hier interessierenden defensiven Dimension die Relevanz der Institution auch auf anderen Gebieten betont (Entlastungsfunktion, sachbezogene Notwendigkeiten der Organisation und Regulierung usw.).

Aber auch gerade mit Rücksicht auf die Abwehrfunktion habe ich an vielen Stellen zu zeigen versucht, daß man nicht ohne weiteres Institutionen einfach »abschaffen« kann, ohne die Folgen zu bedenken.

Paradoxerweise könnten eben diese Erläuterungen aber wiederum zu dem dritten Mißverständnis oder Mißbrauch führen, nämlich

3. zu der Schlußfolgerung, Institutionen seien für das seelische Gleichgewicht von Millionen sehr wichtig; sie müßten infolgedessen für immer unangetastet bleiben!

Einer solchen Behauptung liegt die Überzeugung zugrunde, die »große Masse« vertrüge ihre Entlassung in die Freiheit nicht – und man denkt dabei nicht nur an die politische Freiheit, sondern auch an die Befreiung von Institutionen als Ich-Stützen und neurotische Arrangements.

Eine solche Aussage kann nicht apodiktisch unter Berufung auf die Gleichheit aller Menschen verworfen werden. Sie kann nur aufgrund empirischer Beobachtungen falzifiziert werden, die zeigen würden, daß doch viel mehr Menschen, als man uns früher glauben machen wollte, diese Freiheit und diese Verantwortung nicht nur gut vertragen, sondern auch als Chance für ihre Reifung und Selbstverwirklichung wahrnehmen können. Eine solche empirische Falsifizierung ist aber prinzipiell nur dann möglich, wenn notwendige Institutionsveränderungen auch tatsächlich stattfinden können. Wenn man sie a priori durch die Forderung, Institutionen sollen unangetastet bleiben, ausschließt, so beraubt man sich dieser Möglichkeit.

Allenfalls könnte unserer Analyse die Einsicht entnommen werden, daß man vorsichtig vorgehen soll und daß man auf jeden Fall beim Studium spontaner Veränderungen und bei der Planung absichtlicher Innovationen die Dimension der psychosozialen Abwehr auch im Hinblick auf die Bereitschaft und die Reifung der beteiligten Individuen mitberücksichtigen sollte. Eine konservative Verteidigung des Status quo läßt sich dagegen auf keinen Fall rechtfertigen.

3. Institutionsanalyse, Veränderungsstrategien

Die hier angedeutete Thematik bezieht sich auf sehr aktuelle Diskussionen, Untersuchungen und praktische experimentelle Versuche im Bereich der angewandten Sozialwissenschaften, insbesondere auch der Institutionsberatung. Eine erste Orientierung und einführende Hinweise in die relevante Literatur findet man in einer Reihe von einschlägigen Arbeiten, die in der Zeitschrift *Gruppendynamik* (1971) veröffentlicht wurden.

Die Herausgeber versuchten dort, ein repräsentatives Bild der heutigen Strömungen und Tendenzen auf diesem Gebiet zu zeichnen. Die veröffentlichten Arbeiten sind recht informativ, so z. B. der Artikel von Robert Chin und Kenneth Benne über »Strategien zur Veränderung sozialer Systeme«.

Es fällt jedoch folgendes auf: Zwar werden individualpsychologische Gesichtspunkte relativ ausführlich besprochen; selbst die Bedeutung unbewußter Motivationen bzw. der Bewußtmachung wird im einzelnen hervorgehoben. Aber der spezielle, uns hier besonders interessierende Gesichtspunkt kommt kaum zum Ausdruck (eine Ausnahme bilden die Arbeiten von Max Pagès, Jaques und Mentzies).

Dabei wäre wichtig, herauszuarbeiten, ob, inwiefern und in jeweils welcher konkreten Weise strukturelle Komponenten der Institution oder des sozialen Systems im allgemeinen der individuellen neurotischen Abwehr dienlich sind. Denn nur so können die Widerstände gegen eine erforderliche Veränderung der Institution auch in dieser Dimension erkannt und beseitigt werden.

Die Widerstände gegen solche rational begründeten Veränderungen sind freilich sehr komplex und vielfältig. Sie reichen von egoistischen Interessen wie der Verteidigung erworbener oder überlieferter Privilegien (also machtpolitische Gründe) über die rein gewohnheitsmäßige Trägheit und Haftung am Althergebrachten, Kommunikationsschwierigkeiten, Vorurteile und Mißverständnisse bis hin zu den unbewußten neurotischen Abwehrkonstellationen, die durch eine Veränderung der Institution in Frage gestellt würden. Gerade diese letzteren sind für uns hier von Interesse. So verständlich es auch sein mag, daß sich Sozialwissenschaftler zunächst mit der an erster Stelle genannten machtpolitischen oder allenfalls gruppendynamischen Widerstandskomponente beschäftigen und die neurotische Motivation auch mangels Kompetenz vernachlässigen, so wichtig und unersetzlich ist es doch, eben diese Komponenten adäquat zu berücksichtigen. Gerade die Irrationalität dieser Widerstandsgruppe macht ihre Analyse und ihre Beeinflussung sehr schwierig.

Befaßt man sich mit Zielen und Strategien bei der Veränderung von Institutionen unter Berücksichtigung ihrer Abwehrfunktionen, so empfiehlt es sich, eine Vorgehensweise sich zu eigen zu machen, die wir aus der Psychotherapie kennen: dort setzt man sich nicht zum Ziel, sofort – koste es, was es wolle – und unabhängig von Diagnose und Persönlichkeitsstruktur des Patienten alle Abwehrmechanismen auszurotten! Vielmehr versucht man abzuwägen, ob dies auf lange Sicht überhaupt ratsam ist, ob ein auf erworbener oder konstitutioneller Basis geschwächtes Ich durch eine völlige Befreiung von allen mühsam aufgebauten Abwehrmechanismen in seiner labilen Integration nicht eher ernsthaft gefährdet würde. Abbau von Abwehrmechanismen per se ist noch kein Allheilmittel. Immerhin sind Abwehrmechanismen zum Teil sinnvolle, wenn auch nicht ideale Anpassungstechniken, die nur dann ohne Bedenken abgebaut werden dürfen, wenn der Not, die sie erzeugte, auch anders, besser, begegnet werden kann.

Dies gilt auch für Abwehrvorgänge, die sich an soziale Strukturen angelehnt haben.

Zwar bin ich mir der Gefahr bewußt, daß eine solche Aussage als eine sehr willkommene Ausrede im Dienste der Blockierung von Reformen und nützlichen Institutionsveränderungen mißbraucht werden kann, und zwar von solchen Personen und Instanzen, die sich anmaßen, beurteilen zu können, wieviel Wissen, Bewußtsein und Freiheit für wen und von welchem Zeitpunkt an gut sei!

Trotzdem aber enthebt dieses Risiko den sozialwissenschaftlichen Innovator nicht der Verantwortung, sich die Frage zu stellen, ob und welche Bedeutung die beabsichtigte institutionelle Veränderung für das psychoökonomische Gleichgewicht der beteiligten Individuen haben wird. Dabei zeigt sich in der Praxis, daß eine solche genauere psychosoziale Diagnostik, inklusive Einschätzung der neurotischen Bedürfnisse und Ich-Kapazitäten der einzelnen, meistens nicht etwa dazu führt, daß man die Innovationen zurückstellen müßte, sondern umgekehrt dazu, daß man sie besser, d. h. der psychosozialen Realität adäquater durchführen kann.

Versuchen wir dies an einem Beispiel zu erläutern. Die freie ärztliche Praxis als eine Subinstitution des Gesundheitswesens und mit ihr das Hausarztbild haben in den letzten Jahren einen Wandel erfahren, der nicht nur auf den allgemeinen Prozeß der Technisierung, Spezialisierung und Bürokratisierung zurückzuführen ist, sondern auch auf die Tatsache, daß der »väterlich-fürsorgliche« (also der patriarchalische) Hausarzt eben zu denjenigen Einrichtungen gehört, über die Eckensberger u. a. (1971) geschrieben haben: »Diese von Pietät und Passivität gegenüber den Institutionen bestimmte Einstellung ganzer Gesellschaften und Gruppen einzelner, der Herrschaftsinteressen ebenso wie Ängste und Schutzbedürfnisse zugrunde lagen, läßt sich heute nicht mehr aufrechterhalten.« Das Hausarztbild ändert sich also nicht nur aufgrund der Technisierung, sondern auch im Rahmen einer demokratischen Weltorientierung und steigender Emanzipationsansprüche.

Was ist nun bei diesem Wandel verlorengegangen, warum sind die meisten Patienten mit dieser Entwicklung unzufrieden, warum gibt es Bestrebungen, ein Hausarztbild aufzurichten? Offenbar, weil emotionale, zum Teil auch neurotisch-infantile Bedürfnisse, die durch den Hausarzt alten Typs mitbedient wurden, jetzt völlig außer acht gelassen werden, unbefriedigt bleiben. Dies könnte auch einer der Gründe dafür sein, warum viele Patienten den Homöopathen vorziehen, um wenigstens in der Atmosphäre des Magisch-Suggestiven etwas von dem Verlorengegangenen einzuholen.

Partiell wird man M. Pflanz recht geben müssen, wenn er meint, daß »kaum ein anderes Gebiet der Medizinsoziologie vor allem durch Ärzte in quasi soziologischer Weise derart strapaziert wird wie die Arzt-Patient-Beziehung, da die Versuche, eine Medizinsoziologie aus der bipersonalen Arzt-Patient-Beziehung zu entwickeln, schon im Ansatz verfehlt sind, da diese Beziehung primär institutionalisiert und daher nur soziologisch erklärbar ist«. Andererseits aber wäre es verfehlt, die Gesamtdiskussion über die Arzt-Patient-Beziehung als Ideologie und somit als sachlich nicht relevant zu deklarieren. Es besteht wohl kein Zweifel daran, daß in den meisten Fällen zwischen Arzt und Patient auch eine emotionale Beziehung besteht; jedenfalls ist sicher, daß der Patient emotionale Bedürfnisse und Erwartungen hat, die er bewußt oder viel häufiger unbewußt in dieser Beziehung unterzubringen versucht. Ähnliches gilt in gewissem Umfange freilich auch für den Arzt selbst. Schelsky hat wohl recht, wenn er die Bestrebungen, ein neues Hausarztbild aufzustellen, als den unrealistischen Versuch bezeichnet, eine Idylle zu beschwören. Dies aber nicht nur, weil die Wiederherstellung des väterlich-fürsorglichen Arztes (wie Schelsky meint) aus Gründen der technisch-naturwissenschaftlichen Entwicklung unmöglich ist, sondern auch, weil sie vom psychologischen Gesichtspunkt aus gesehen einen Rückfall und einen Rückschritt bedeuten würde.

Es kann nämlich nicht im Interesse des Patienten liegen, erneut in ein infantilisierendes Verhältnis zu einer Autorität hineingedrängt zu werden. Vielmehr geht es darum, auf der Grundlage eines besseren Verständnisses seiner psychischen Bedürfnisse eine institutionelle Veränderung herbeizuführen, welche die Entwicklung einer reiferen, gesünderen, von psychosozialen Abwehrkonstellationen relativ freien Beziehung zum Arzt ermöglicht. Dies würde etwa jener Art von Arzt-Patient-Beziehung entsprechen, die in der Arbeit der Balint-Gruppen oder auch in den Lernzielen des neuen Faches Psychotherapie/Psychosomatik angestrebt wird. Der Arzt soll danach versuchen, den Patienten weder suggestiv-autoritativ therapeutisch zu beeinflussen, noch sich in einer kühlen Distanz des emotionalen Unbeteiligtseins zu halten. Denn die regressiven Bedürfnisse des Kranken können nicht einfach wegskotomisiert oder sozusagen verboten werden. Man muß sich mit ihnen beschäftigen. Sofern und solange der Patient noch schwerkrank und schwach ist, müssen sie sogar teilweise befriedigt werden; in anderen Fällen wiederum können sie dem Patienten bewußt gemacht und bearbeitet werden.

4. Einzel- und Gruppenpsychotherapie

Das Studium interpersonaler Abwehrkonstellationen hat zweifellos auch für die psychotherapeutische Praxis große Relevanz. Dies gilt besonders dort, wo die neurotische Abwehr nicht nur intrapsychisch oder psychosomatisch organisiert ist, sondern auch psychosozial untermauert, an die soziale Realität angelehnt und in ihr verankert wird. Dies nicht, weil die richtige Analyse des Geflechts interpersonal aufeinander bezogener Abwehrhaltungen es dem Therapeuten etwa ermöglicht, direkt einzugreifen und konkrete reale Veränderungen vorzuschlagen, die zur Sprengung solcher Circuli vitiosi beitragen würden. Ein solches Vorgehen ist allenfalls in mehr direktiven kurzen Ehe- oder Familienberatungen angezeigt. Im übrigen sind die »Ratschläge« von ad hoc psychotherapeutisch tätig werdenden Laien oder Ärzten (»Wir schicken die Schwiegermutter am besten weg«, »Der Stiefvater muß ausgeschaltet werden«, »Das Mädchen muß nur von der Mutter weg«) unnütz, nicht selten sogar schädlich. Denn es ist ein riskantes und meistens erfolgloses Unternehmen, die neurotische Abwehr durch die einfache Beseitigung ihrer anderen Stützen abbauen zu wollen. Das Ziel jeder analytisch orientierten Psychotherapie kann nur eine Erlebens- und Verhaltensmodifikation sein, die auf einer auf Einsicht basierenden intrapsychischen Veränderung beruht.

Es geht also nicht darum, den Weg über das Intrapsychische und die Einsicht zu umgehen, sondern ihn gerade zu verbreitern, zu bereichern, ja, in vielen Fällen erst zu eröffnen. Es gibt nämlich viele Patienten, bei denen die interpersonale Abwehr so ausgeprägt ist, die Kollusionen mit dem Partner so verfestigt sind, daß der analytische Prozeß, die zunehmende Einsicht in emotionale Prozesse sowie das Durcharbeiten der Abwehr innerhalb des traditionellen psychoanalytischen Arrangements, auf große Schwierigkeiten stößt oder sogar zunächst gar nicht in Gang zu bringen ist.

Indem man hier die Einzelbehandlung in eine Ehe-, Partner- oder Familien-Therapie verwandelt oder von Anfang an als solche durchführt, ergibt sich die Möglichkeit, diese reale Untermauerung der Abwehr besser zu durchschauen und bewußtzumachen.

Aber auch aus anderen Gründen kann diese Form von Therapie

erforderlich sein – etwa wenn der Delegationsdruck durch den Partner so groß ist, daß eine isolierte Arbeit nur mit dem »Patienten« wenig Aussicht auf Erfolg hat. Dies gilt insbesondere für Kinder, die im Netz von Rollenvorschriften und Delegationen eingefangen sind, aber auch bei vielen anderen Partnerkonstellationen, z. B. in der Ehe. Dennoch wird auch hier im Regelfall das Ziel nicht die direkte manipulative oder suggestive Beeinflussung des Partners unseres Patienten sein, sondern vielmehr der Versuch, die interaktional organisierte Abwehr für alle Beteiligten durchsichtig zu machen.

Etwas anders – wenn auch nicht unähnlich – liegen die Verhältnisse bei der Gruppentherapie. Hier geht es nicht um die Analyse der interpersonalen Abwehr innerhalb vorgegebener Dyaden und Gruppen, wie bei der Ehe- und Familientherapie, sondern um die Bearbeitung der in zusammengestellten therapeutischen Gruppen ad hoc entstehenden Abwehrkonstellationen. Gerade die Gegebenheiten der Gruppentherapie eignen sich besonders für die Bewußtmachung und das Durcharbeiten solcher Abwehrformen. Dies bedeutet allerdings nicht, daß solche Einsichten und Verarbeitungen nicht auch in der Einzelbehandlung möglich wären – im entsprechenden Kapitel haben wir ja schon dargestellt, daß jeder Patient in Einzelbehandlung früher oder später versuchen wird, seine habituellen psychosozialen Abwehrformen auch innerhalb dieser Behandlung zu verwirklichen oder, anders ausgedrückt, seine Übertragung auf den Analytiker real zu verankern.

Der Unterschied ist nur, daß in der Gruppe, wo multiple Übertragungsprozesse stattfinden und komplizierte interpersonale Arrangements nicht nur unbewußt »angestrebt« werden, sondern tatsächlich auch entstehen, die Deutungs- und Durcharbeitungsarbeit gerade bezüglich dieser Abwehrformen erheblich erleichtert wird.

Allerdings stellt diese Dimension der psychotherapeutischen Arbeit in der Gruppentherapie nur einen Aspekt dar, der wiederum nicht verabsolutiert werden darf. Es gibt sicher andere erwünschte und angestrebte tiefergehende Modifikationen von Symbolsystemen im Rahmen des Intrapsychischen, die wiederum nur im Rahmen der Einzelbehandlung zu erreichen sind. Beim heutigen Stand unseres Wissens gibt es noch keine absolut sicheren Kriterien für eine differenziale Indikation (also eine sichere

Beantwortung der Frage, ob für einen konkreten Patienten eher die Einzel- oder die Gruppentherapie geeignet ist). Auch Aussagen der Art: Patienten mit vorwiegend intrapsychischer Abwehr eignen sich mehr für die Einzeltherapie, solche mit vorwiegend psychosozialer Abwehr würden mehr von einer Gruppentherapie profitieren, sind nur Hypothesen, die zunächst weder bestätigt noch abgelehnt werden können. Ich wüßte Beispiele, die sowohl dafür als auch dagegen sprechen.

Mit Sicherheit wissen wir aus der Praxis lediglich, daß einem Patienten, der in einer Gruppentherapie zwar Fortschritte machen konnte, durch eine Einzelbehandlung eindeutig besser zu helfen war, während umgekehrt Patienten, die in Einzeltherapie »festgefahren« sind, oft sehr gut von einer Gruppentherapie profitieren können. Dies scheint allerdings nicht nur vom Überwiegen intrapsychischer bzw. psychosozialer Abwehrmechanismen, sondern noch von vielen anderen Faktoren abhängig zu sein.

5. Schlußbemerkungen

Durch die Analyse einer ausgewählten Kasuistik und den vorläufigen Entwurf einer Systematik der interpersonalen Abwehrkonstellationen im ersten Teil dieses Buches wurde der Versuch unternommen, Verbreitung, Vielfalt, Bedeutung und Dynamik dieser besonderen Formen pathologischer Abwehr zu beschreiben. Unabhängig davon, ob solche Konstellationen in der Familie oder in der Ehe, in der Übertragung oder in der Gegenübertragung, in Zweierbeziehungen oder in kleinen informellen Gruppen zustande kommen, ihr Funktionsprinzip bleibt im wesentlichen dasselbe: Die Abwehr beschränkt sich nicht auf individuell intrapsychische Manipulationen, sondern sie festigt sich durch eine unbewußte, aber gleichzeitig den neurotischen Bedürfnissen adäquate Auswahl, Beeinflussung und Veränderung des Partners. Das Ziel besteht darin, die neurotische Abwehr in der Realität zu verankern und sie dadurch widerstandsfähiger zu machen. Darüber hinaus werden durch solche unbewußten Arrangements, durch solche »Kollusionen«, kompromißhafte oder regressive Ersatzbefriedigungen unter Umgehung angsterzeugender Konflikte ermöglicht. Nun könnten Ausdrücke wie »Ziel« der Abwehr oder »Beeinflussung« des Partners das Mißverständnis aufkommen lassen, hier handele es sich um vorbewußte oder gar bewußte Prozesse.

In Wirklichkeit geht es, wie erwähnt, um unbewußte Vorgänge, die aus der Fülle alltäglich vorkommender interaktioneller Erfahrungen (aufgrund ihrer angstmindernden sowie kompromißhaften Lösungen ermöglichenden Wirkung) automatisch selektiert, verstärkt, intensiviert und als feste Muster stabilisiert werden.

Es darf aber nicht übersehen werden, daß diese interpersonalen Abwehrkonstellationen neurotische Überformungen von eigentlich normalen und lebensnotwendigen zwischenmenschlichen Interaktionen sind. Sie stellen die pathologischen Formen der im übrigen unerläßlichen psychischen Abhängigkeit des Menschen vom Menschen dar. Sie entwickeln sich aus interpersonalen Interaktionen, die eine der Grundvoraussetzungen unserer psychischen Existenz sind:

»Das Gefühl der Identität erfordert die Existenz des anderen, von dem man gekannt wird, sowie eine Verbindung der Erkennung durch diese andere Person mit der Selbsterkennung des eigenen

Selbst« (Ronald Laing, 1972, S. 171). Als neurotische oder präpsychotische interpersonale Arrangements können sie aber zu den hartnäckigsten und am wenigsten beeinflußbaren pathologischen Abwehrformen werden.
Die Wiederbelebung solcher pathologischen interaktionellen Muster unter den besonderen Bedingungen der Einzel- und Gruppentherapie ermöglicht ihre Erkennung und das Durcharbeiten. Das Ziel der Behandlung ist nicht etwa die Eliminierung der interpersonalen Interdependenz und des Aufeinanderangewiesenseins. Vielmehr geht es darum, die unproduktive, das Leid verewigende, also neurotische gegenseitige Abhängigkeit aufzulösen, wodurch sich die Möglichkeit eines produktiven Austausches sowie einer nicht neurotisch bestimmten interaktionellen Kommunikation eröffnet.
Ähnliches gilt auch für die *institutionalisierten* Formen der psychosozialen Abwehr, die im zweiten Teil dieses Buches beschrieben wurden. Auch sie entstehen nicht aus dem Nichts, sondern sie stellen neurotisch deformierte (institutionalisierte) Interaktionsformen dar. Institutionen erfüllen vital wichtige Funktionen und sind fürs Überleben und eine differenzierte Entwicklung unerläßlich. Sie garantieren »Entlastung« und sichern eine konstante Regelung komplizierter interaktioneller Vorgänge. Gerade dadurch sind sie aber auch besonders dazu geeignet, in den Dienst der neurotischen Abwehr gestellt zu werden. Auch hier besteht das Grundprinzip in einer Erhärtung, Sicherung und Festigung der intrapsychischen Abwehr durch ihre Verankerung in der Realität. Hinzu kommt aber, daß die Institutionen ihrerseits sich dieser individuellen neurotischen Bedürfnisse »bedienen«: Die von der Institution garantierte Sicherung der neurotischen Abwehr wirkt beim einzelnen als eine Art Prämie, die seine Motivation zur Unterstützung der Institution erhöht und somit zu ihrer Stabilisierung beiträgt.
Auch hier könnte der Eindruck entstehen, es handele sich durchweg um bewußte Manipulationen und Ausnutzung neurotischer Bedürfnisse. Dies mag in bestimmten Bereichen zutreffen (etwa in der Politik oder in der Werbung), jedoch besteht kein Zweifel daran, daß solche Prozesse im allgemeinen automatisch und unerkannt verlaufen. Sie werden aus den zahlreichen, alltäglich praktizierten institutionalisierten Interaktionsformen durch ihr Abwehrpotential selektiv verstärkt und gefestigt. Eine zusätzliche

Potenzierung erfolgt hier nicht nur durch die Reziprozität zwischen den beteiligten Individuen, sondern auch durch die Wechselwirkung mit der Institution: Die Institution festigt die Abwehr des einzelnen, die Individuen stabilisieren die Institution.

Eine Institutionsanalyse zum Zwecke der Vorbereitung sinnvoller Veränderungen muß aus diesem Grunde auf jeden Fall die Bedeutung von Abwehrvorgängen mit an erster Stelle berücksichtigen. Das Ziel ist nicht etwa die Abschaffung der Institutionen schlechthin, sondern die Vorbereitung und Durchführung von Veränderungen, die die offene Interaktion fördern, während sie gleichzeitig unnötige Zwänge und verfestigte neurotische Arrangements eliminieren. Institutionen, die diese Ziele ermöglichen, haben den legitimen Anspruch auf Unterstützung, da sie Entlastung, Entscheidungshilfe und Steuerung ohne gleichzeitige Förderung der neurotischen Abwehr bieten.

Veränderungen mit dem Ziel der Entwicklung solcher Institutionsformen sind freilich keine einfache Aufgabe: Sind die Widerstände bei der psychotherapeutischen Behandlung in Einzel- und Gruppentherapie in der Angst des einzelnen begründet, seine neurotische Abwehr (Schutz) könnte zusammenbrechen, so dürften im Falle institutioneller Veränderungen zusätzlich noch Widerstände infolge der evtl. Infragestellung politisch-ökonomischer Interessen hinzutreten oder sogar ganz im Vordergrund stehen.

Die Einsicht in die komplizierte Dynamik und in die Intensität der Widerstände kann nur der erste Schritt bei solchen Interventionen sein, die sicher auch schwierige ökonomisch-soziologische Analysen und evtl. auch politisches Handeln verlangen.

Vierter Teil

VI. Kulturtheorie: Der Zusammenhang zwischen dem intrapsychischen und dem sozialen Konflikt

1. Das neurotische Potential in der Gesellschaft

Bei der Darstellung des Modells der institutionalisierten Abwehr bin ich in den vorangegangenen Kapiteln wie selbstverständlich stets davon ausgegangen, daß im Individuum ein neurotisches »Potential«, also neurotische Konflikte, Ängste, Schuldgefühle usw. existieren, welche dann in der Kollusion mit der Institution untergebracht werden. Ja, ich stellte darüber hinaus stillschweigend als gegeben hin, daß dieses Potential an neurotischen Konflikten und »Bedürfnissen« bei einer großen Mehrheit (wenn nicht sogar *bei allen* Individuen) mehr oder weniger vorhanden ist; denn tatsächlich nur unter dieser – bis jetzt unausgesprochenen – Annahme sind die angeführten Kollusionsbeispiele (Sport, Justiz, hierarchisch aufgebauter Betrieb) anwendbar.
Trifft diese Annahme aber überhaupt zu? Sind solche Bedürfnisse nach Abwehr und/oder Kompensation von Konflikten und Defiziten so verbreitet, daß die hier von mir postulierte Kollusion zwischen dem einzelnen und der Institution überhaupt als generalisiertes, verbreitetes Phänomen bezeichnet und betrachtet werden kann?
Als ich vor einiger Zeit in einem Vortrag die Bedeutung solcher Kollusionen für die Dynamik des Krieges dargestellt hatte, fragte mich ein Zuhörer in der darauffolgenden Diskussion, was ich denn eigentlich sagen wollte. Wolle ich etwa behaupten, daß die Kriege durch die paar Neurotiker, die unter uns leben, angezettelt und durchgeführt werden?
Ich war so enttäuscht und verblüfft über das Ausmaß des Mißverständnisses, daß ich Schwierigkeiten hatte, die notwendige Richtigstellung zu formulieren und zu sagen, daß fast genau das Gegenteil zutreffe: daß nämlich die offiziellen Nichtneurotiker, die sogenannten »Gesunden« in besonderem Maße in der Dynamik

des Krieges involviert sind! Gerade sie nämlich sind es, welche ihre intrapsychischen Konflikte in der Kollusion mit der Institution unterbringen, indem sie sie dort agieren. Dadurch erscheinen sie dann nach außen hin gesund und unauffällig!
Die Frage dieses Zuhörers hat mich darüber belehrt, daß ich keineswegs und als selbstverständlich meine Ausführungen auf der Prämisse aufbauen darf, daß die von mir postulierte *extreme Verbreitung* solcher zumeist unbewußter Konflikte und Bedürfnisse auch von anderen Beobachtern in der gleichen Weise gesehen, eingeschätzt und akzeptiert wird.
Im folgenden will ich mich nicht so sehr darauf konzentrieren, die Universalität des latent Neurotischen nachzuweisen (indem ich etwa auf grobe Auffälligkeiten in der alltäglichen Kommunikation und in den Umgangsgepflogenheiten in der Familie oder in einem Betrieb aufmerksam mache). Ich will mich auf die viel schwierigere Frage beschränken: Woher stammt dieses ungemein stark ausgeprägte und verbreitete neurotische Potential und der damit verbundene Bedarf an Abwehr oder Kompensation?
In der Monographie über »Die neurotische Konfliktverarbeitung« (Mentzos, 1985) habe ich versucht zu zeigen, in welchem Ausmaße Psychoanalyse als konsequent zu Ende gedachte »Konfliktpsychologie« in der Lage ist, alle Variationen des Neurotischen adäquat zu erfassen. In analoger Weise versuche ich nun hier, die Ursache für das in Kollusionen versteckte riesige Spannungspotential in der Gesellschaft ebenfalls in dahinterstehenden *Konflikten* zu sehen.
Ich bin freilich nicht der erste, der dieses Problem in dieser Weise angeht. Schon der Begründer der Psychoanalyse hat sich – zumal in seinen späten Schriften – eigentlich vorwiegend damit beschäftigt, die Kultur in ihrer Gesamtheit als das Ergebnis einer bestimmten »Konfliktlösung« zu verstehen. Aus diesem Grunde ist es erforderlich, vor Darstellung meiner eigenen Position, die Grundzüge der »Kulturtheorie« Sigmund Freuds kurz zu skizzieren. Eine ausführliche Auseinandersetzung mit dieser Theorie ist allerdings einer gesonderten Studie vorbehalten. Hier sollen die Freudschen Thesen – und zu bestimmten Punkten die eigenen Alternativhypothesen – nur so weit geschildert und diskutiert werden, wie dies zur Beantwortung der Frage, woher die ungeheuer verbreiteten intrapsychischen Spannungen, woher die Universalität des neurotischen Potentials stammt, erforderlich ist.

2. Trieb und Kultur

Schon in »Die kulturelle Sexualmoral und die moderne Nervosität« (1908) geht Freud von der Grundannahme eines prinzipiellen Antagonismus zwischen Kultur und Triebleben aus. In *Totem und Tabu* (1912/13), in *Massenpsychologie und Ich-Analyse* (1921), in *Die Zukunft einer Illusion* (1927) und schließlich in *Das Unbehagen in der Kultur* (1930) entwickelt er konsequent die weiteren Grundkonzepte seiner Kulturtheorie, welche – obwohl zum Teil überholt und schon immer umstritten – einen großen Einfluß auf die Gesellschaftstheorie und die Kulturanthropologie ausgeübt hat.

Zwar ist die Arbeit von Freud über die Massenpsychologie (gemeint ist eigentlich vielmehr – wie Erdheim überzeugend gezeigt hat – eine Psychologie *der Institutionen*) für unsere Thematik besonders relevant. Dennoch konzentriere ich mich im folgenden mehr auf »Das Unbehagen in der Kultur«, weil es einen besseren Einstieg in die Problematik des hier interessierenden Grundkonfliktes bietet. Außerdem stellt dieser Beitrag als relativ spät verfaßtes Werk auch eine Art Zusammenfassung der Kulturtheorie dar.

Lange und intensiv beschäftigte Freud die Frage nach der Entstehung des Schuldgefühls und des Über-Ichs, deren zentrale Bedeutung und Funktion er ziemlich früh erkannt hat. Den Ausgangspunkt sieht Freud in der Aggression bzw. der Notwendigkeit zur Bändigung der Aggression.* Zwar verlange die Kulturentwicklung auch die Bändigung und Hemmung der Libido, doch entwickele sich Kultur gerade auch durch (zielgehemmte) Libido, während die Aggression als der eigentliche Kulturfeind zu sehen sei. Die Neigung zu Aggressionen sieht Freud als ursprüngliche und selbständige Triebanlage des Menschen, so daß das stärkste Kulturhindernis im Menschen selbst verankert sei. »Die Kultur bewältigt also die gefährliche Aggressionslust des Individuums, indem sie es schwächt, entwaffnet und durch eine Instanz in seinem Inneren, wie durch eine Besatzung in der eroberten Stadt überwachen läßt« (Freud 1930, S. 483).

* Wir werden sehen, daß die Aggression ein zwar zentrales, aber trotzdem *sekundäres* Problem ist. Zunächst soll aber die Freudsche Konzeption kurz skizziert werden.

Freud ist allerdings in bezug auf die Erfolgschancen dieses Unternehmens nicht optimistisch. Infolge der primären Feindseligkeit der Menschen gegeneinander sei die Kulturgesellschaft beständig vom Zerfall bedroht. »Das Interesse der Arbeitsgemeinschaft würde sie nicht zusammenhalten, triebhafte Leidenschaften sind stärker als vernünftige Interessen. Die Kultur muß alles aufbieten, um den Aggressionstrieben der Menschen Schranken zu setzen, ihre Äußerungen durch psychische Reaktionsbildungen nieder zu halten« (a.a.O., S. 471).

Dies alles erweckt zunächst den Eindruck, als ob der hierzu erforderliche Triebverzicht nur unter Strafandrohung (oder bestenfalls unter Androhung des Liebesentzuges) zustande käme. Da wiederum eine äußere kontrollierende, Liebe entziehende und notfalls auch strafende Instanz auf die Dauer unökonomisch und nicht zu realisieren wäre, sorge eine allmählich sich bildende intrapsychische Instanz dafür. Ein interner emotioneller Indikator, das Schuldgefühl, signalisiere jeweils die drohenden und insbesondere die stattgefundenen »Übertretungen«.

Wie ist es aber überhaupt möglich, daß eine solche innere Instanz, eine auf einer inneren Überzeugung basierende Verzichtshaltung sich gebildet hat? Man kann ja nicht sagen, das Schuldgefühl und überhaupt das Über-Ich-System sei beim »Begehen der Tat« (nach Freud also etwa anläßlich der Tötung des Urvaters durch die vereinigten Brüder in der Urhorde) entstanden. Denn dies würde ja ein schon vorher bestehendes Verbot (ein präexistierendes Gewissen) voraussetzen. Woher stammt also dieses primäre Schuldgefühl?

Diese Frage stellt schon Freud selbst. Er vermerkt, daß die »Reue«, die auf die Tötung des Urvaters aufgetreten sei, doch das Vorhandensein von Gewissen und Schuldgefühlen *vor* der Tat zur Voraussetzung gehabt haben müsse (a.a.O., S. 492). Woher kommt also dieses präexistierende Gewissen?

Freud gibt die Antwort: »Diese Reue war das Ergebnis der uranfänglichen Gefühlsambivalenz gegen den Vater, die Söhne haßten ihn, aber sie liebten ihn auch; nachdem der Haß durch die Aggression befriedigt war, kam in der Reue über die Tat die Liebe zum Vorschein, richtete durch Identifizierung mit dem Vater das Über-Ich auf, gab ihm die Macht des Vaters wie zur Bestrafung für die gegen ihn verübte Tat der Aggression, schuf die Einschränkungen, die eine Wiederholung der Tat verhüten sollten ...

Nun, meine ich, erfassen wir endlich zweierlei in voller Klarheit, den Anteil der Liebe an der Entstehung des Gewissens und die verhängnisvolle Unvermeidlichkeit des Schuldgefühls. Es ist wirklich nicht entscheidend, ob man den Vater getötet oder sich der Tat enthalten hat, man muß sich in beiden Fällen schuldig finden, denn das Schuldgefühl ist der Ausdruck des Ambivalenzkonfliktes, des ewigen Kampfes zwischen dem Eros und dem Destruktions- oder Todestrieb« (a.a.O., S. 492).

Dieses letztere Zitat Freuds scheint mir in vieler Hinsicht bedeutungsvoll zu sein. Erstens wird hier viel eindeutiger als sonst festgestellt, daß eine der wichtigsten Voraussetzungen für die Entstehung des Schuldgefühls die *Liebe*, die positiven Strebungen und nicht – wie vielleicht andere Zitate suggerieren könnten – nur die Strafangst oder die Liebesentzugsangst seien.

Zweitens wird die Rolle der Ambivalenz der Gefühle hervorgehoben, also die Bedeutung des intrapsychischen Konfliktes und nicht wie sonst diejenige des *äußeren* Konflikts zwischen Triebwunsch und kulturellen Zielen (vgl. weiter unten den Absatz über das Realitätsprinzip).

Drittens schließlich wird dieser innere Ambivalenzkonflikt noch einmal als der ewige Kampf zwischen dem Eros und dem Destruktions- oder Todestrieb definiert. Ich werde anschließend versuchen zu zeigen, warum mir diese letzte Aussage, also diese Art der Definition des Grundkonfliktes, nicht zutreffend erscheint. Zuvor möchte ich aber noch einmal mit Freud unterstreichen, daß dieser Kampf, dieser »Streit der Giganten«, »den wesentlichen Inhalt des Lebens überhaupt« ausmacht (a.a.O., S. 481).

Es entbehrt nicht einer gewissen Tragik, daß, obwohl Freud in der regelrecht leidenschaftlichen Auseinandersetzung mit diesem Problem am Ende des VII. Kapitels (im »Unbehagen in der Kultur«) den intrapsychischen Ambivalenzkonflikt endlich wieder ins Zentrum des Gesamtkonzeptes stellen konnte, er aufgrund der inzwischen gefestigten Theorie über den Destruktions- oder Todestrieb die exakte Erfassung des Inhaltes, also der Bestandteile des Ambivalenzkonfliktes, leider zwangsläufig verfehlen mußte. Den primären Konflikt stellt nämlich nicht der Antagonismus zwischen Liebe und Todestrieben, sondern derjenige zwischen »Liebe« (Bindung, Altruismus, Vereinigung usw.) und Autonomie (Selbstidentität, Selbstbestimmung, Selbstbezogenheit usw.) dar.* Die Aggression, welche selbstverständlich im weiteren Verlauf des Prozesses (des individuellen und des kollektiven) von eminenter Bedeutung wird, stellt lediglich einen sekundären, einen reaktiven Vorgang dar (darüber siehe Näheres im Kapitel über die Kriegsdynamik bzw. dort den kurzen Exkurs über Aggressionstheorien).

Diese von mir vorgeschlagene Umformulierung des Ambivalenzkonfliktes hat freilich gravierende theoretische und praktische Konsequenzen. Definiert man nämlich den Inhalt des Konfliktes in der eben von mir vorgeschlagenen Weise (also »objektal« versus »selbstbezogen«), so kommt man eher dahin, daß hier auch konstruktive Lösungen des Sowohl-als-auch-Typus möglich sind und daß es sich nicht um einander absolut ausschließende Alternativen handelt. Ginge es auch bei Freud nicht um den »unüberbrückbaren Konflikt zwischen Liebe und Todesstreben«, sondern um den Bindungs-Autonomie-Konflikt, also um den wohl überbrückbaren Gegensatz zwischen objektaler und narzißtischer Liebe, so hätte es bei ihm nicht des absoluten Verzichtes auf eine der beiden Alternativen bedurft.

Vom Klinischen her hat er (wie bei so vielen anderen Fällen auch!) das Wesentliche längst erkannt, als er zum Beispiel schrieb: »So haben auch die beiden Strebungen, die nach individuellem Glück und die nach menschlichem Anschluß, bei jedem Individuum *miteinander zu kämpfen* (Hervorhebung S. M.)« (a.a.O., S. 501). Dieser Konflikt habe aber – so Freud – nichts mit dem unversöhnlichen Gegensatz der Urtriebe, Eros und Tod, zu tun. »Er bedeutet« lediglich »einen Zwist im Haushalt der Li-

* Um einem Mißverständnis vorzubeugen: Mit »Liebe« meine ich nicht Libido generell, sondern objektbezogene, objektale Libido. Analog dazu meint auch der Terminus Autonomie (und zwar eindeutig im Einvernehmen mit der Freudschen Auffassung) eine narzißtische Libido, eine Selbstbezogenheit. Ich spreche also nicht von einem Konflikt zwischen Libido (generell) und Autonomie, sondern von einem Gegensatz zwischen objektaler und narzißtischer Libido. Das erstere wäre ein Mißverständnis. Auf die Möglichkeit dieses Mißverständnisses hat mich dankenswerterweise Evemarie Siebecke-Giese (Offenbach) aufmerksam gemacht. Ihr verdanke ich auch weitere Präzisierungen des hier gemeinten Gegensatzes, wie etwa: Sich-Hergeben versus Sich-Behaupten, Sich-abhängig-Machen versus Sich-Abgrenzen, Distanzieren usw.

bido, vergleichbar dem Streit um die Aufteilung der Libido zwischen dem Ich und den Objekten«! Dieser Konflikt wird also als eher nebensächlich, dagegen derjenige zwischen Eros und Tod als der grundsätzliche gesehen. Rückt man aber – so mein Vorschlag – den angeblich nebensächlichen »Zwist« ins Zentrum des Konzeptes, definiert man also den Grundkonflikt als den (vorgegebenen) Gegensatz zwischen narzißtischem Eigennutz (Autonomie, sonstige narzißtische Bedürfnisse) und Bindung (objektale Liebe, Altruismus etc.), so gelangt man zu einer Konzeption, die meiner Meinung nach sowohl den klinischen als auch den historischen und soziologischen Gegebenheiten eher gerecht wird.

Eine zweite Korrektur und Präzisierung erscheint mir hier unbedingt erforderlich. Ist objektbezogene *Libido* mit Objekt*liebe* gleichzusetzen? Enthält nicht auch die Objektlibido (und nicht nur die narzißtische) und gerade ihr Kernstück, der Sexualtrieb im engeren Sinne, eine große Portion von »Eigennutzkomponenten«? Ja, steht nicht oft gerade die Befriedigung des Sexualtriebes im krassen Gegensatz zu der objektalen Zuwendung, dem echten Interesse für das Wohl des anderen und seiner Respektierung? Führt nicht gelegentlich das eigennützliche Bedürfnis nach sexueller Lust und Entspannung oder auch Selbstbestätigung in der sexuellen Begegnung zu einem zunehmend egoistischen Verhalten und dann auch unter Umständen zu Aggressivierung bis hin zur Vergewaltigung?

Freud hat freilich das hier implizierte Problem rechtzeitig gesehen und auch ein Konzept zu dessen Erfassung konstruiert. Es handelt sich um die Begriffe der Triebmischung und Triebentmischung (siehe unter anderem: Freud, 1933, S. 111 f. – »Neue Folge der Vorlesungen« etc.), also um die Annahme, daß schon im Normalfall das Erleben und Verhalten aus der *Vermengung* beider Triebe (Libido und Aggression) resultierte und daß unter bestimmten Bedingungen eine Entmischung und somit ein Freiwerden von Aggressionen erfolge.

Nun, ich meine, es gibt gewiß tatsächlich eine »Vermengung«. Diese erfaßt aber primär nicht Aggression und Libido, sondern die narzißtischen und objektalen Aspekte der Libido: Gelingt es, diese Vermengung, besser gesagt, die Integration, aufrechtzuerhalten oder sogar zu entwickeln, zu differenzieren, zu stärken, so impliziert dies letztlich das höchste Glück für sich *und* für den anderen (eine großartige, aber leider seltene Lösung des Grundkonfliktes!).

Bleiben dagegen die beiden Anteile nur locker miteinander verbunden oder trennen sie sich, so vermag nicht einmal die biologisch vorgegebene starke »Prämie« für körperliche Vereinigung (nämlich die sexuelle Lust) das Verhängnis zu verhindern: Entweder treten die narzißtischen Bedürfnisse allein in den Vordergrund, also nur das Bedürfnis nach körperlicher Entspannung vom Triebdruck bzw. die reine Begierde ohne objektale Liebe und Aggressivierung als einer sekundären Folge.

Oder aber es treten die zärtlich-liebenden Komponenten in den Vordergrund, und zwar *allein für sich*. Das sexuelle, körperliche Moment und die sexuelle Lust sind hier neurotisch blockiert (Frigidität, Impotenz) oder werden sogar heftig abgelehnt und zurückgewiesen. Es gibt zahlreiche Fälle, die diese Konstellation belegen.

Ich möchte dieses Thema hier nicht weiter entwickeln, es ging mir ja auch nur darum, im Hinblick auf die Kulturtheorie darauf aufmerksam zu machen, daß Libido und Sexualität sowohl eine narzißtisch-eigennützliche als auch eine objektal-soziale Komponente enthalten. Diese Umformulierung und Präzisierung scheint mir wegen ihrer großen praktischen und theoretischen Konsequenzen sehr wichtig zu sein. Einige Widersprüchlichkeiten im Text Freuds entstehen dadurch, daß er trotz und entgegen seiner Theorie unbeirrt die Phänomene richtig sieht und beschreibt (so auch die Rolle der Liebe bei der Entstehung des Schuldgefühls). Diese seine (richtigen) klinischen Beobachtungen geraten dann zwangsläufig in Gegensatz zu der Theorie. Wie sehr uns solche gelegentlichen Widersprüchlichkeiten belasten, zeigt sich etwa daran, daß sogar in einer so ausgezeichneten Analyse der Zusammenhänge zwischen intrapsychischem Konflikt und sozioökonomischen Gegebenheiten wie der von J. Cremerius (1979, S. 11 ff.) der Begriff des Triebes unklar bleibt: Überall dort, wo Cremerius von Trieb konkret spricht, geht es um Machtstreben, Verlangen nach phallischer Exhibition, narzißtischer Bestätigung, »Besetzung eines Direktorensessels«, Besitz von Frauen, Autos usw. (also nur um eigennützliche bzw. narzißtische Triebanteile). Das hört sich dann so an, als ob menschliche Wärme und Nähe, Einfühlsamkeit in die Nöte des anderen und all jene Bedürfnisse und gefühlsmäßigen Einstellungen, die – so die interessante These von

Cremerius in diesem Beitrag – bei Vertretern der sozialen Oberschicht kaum zu aktivieren seien, nichts mit Trieb zu tun hätten oder zu tun haben könnten. Es hört sich so an, als ob solche »sozialen« Strebungen nur spätere Errungenschaften der Kultur seien und nicht dem »tierischen Triebmenschen« zugehörig seien! Konrad Lorenz aber schreibt, daß sein Hund ihn in bezug auf Liebesfähigkeit sehr wahrscheinlich übertreffe (1983, S. 145)!
Nebenbei gesagt: Dies ist meine einzige Kritik an dem genannten Aufsatz von Cremerius! Ihm ist es im übrigen ausgezeichnet gelungen zu zeigen, wie vielen Angehörigen der Oberschicht es möglich wird, ihre Neurose *soziofunktional* unterzubringen, und zwar in einer Weise, die zur Stabilisierung des sozioökonomischen Systems, dem sie angehören, noch beiträgt. Ein besseres Beispiel für mein Konzept von der institutionalisierten Abwehr kann ich mir nicht vorstellen!

3. Woher kommt das schlechte Gewissen?

Die Darlegungen im letzten Absatz möchte ich ergänzen und verständlicher machen durch einige zusätzliche Bemerkungen zur Entstehung des Schuldgefühls, welches von Freud mit Recht als eine der zentralen Achsen der individuellen und psychohistorischen Prozesse begriffen wird. Ich stelle im folgenden meine Vorstellungen nicht nur zur Entstehung des Schuldgefühls vor, sondern auch zu der von Schamgefühlen, Selbstverachtung, Insuffizienz-, Wertlosigkeits- und Minderwertigkeitsgefühlen.
Was sind diese Gefühle, und wie kommen sie zustande?
Affekte und Gefühlszustände sind, funktionell gesehen, wichtige und unentbehrliche »Indikatorensysteme«. Sie signalisieren unerwünschte, das innere und äußere Gleichgewicht gefährdende Situationen. Eindrucksvollstes Beispiel dafür ist die Angst. Doch gilt für die uns hier interessierenden Affekte das gleiche wie für sie: Sie sind ebenfalls wichtige Indikatoren, Alarmzeichen im Falle von inadäquaten Lösungen des Grundkonfliktes. Wie ist dies nun zu verstehen?
Ich gehe davon aus, daß beide Komponenten des Grundkonfliktes, also sowohl der »Eigennutz« als auch die »Liebe« – das heißt: sowohl die narzißtischen als auch die objektalen Tendenzen –,

selbstverständlich unentbehrlich sind. Ihre Einbettung in einem System sich anscheinend widersprechender Strömungen dient dem Ziel einer lebendigen Dynamik. Die jeweils entstehenden Gegensätze sollen innerhalb schöpferischer Synthesen aufgehoben werden. Aus diesem Grunde sind auch Lösungen des Konfliktes, die den einen Pol bevorzugen und dabei den anderen vernachlässigen, letzten Endes dysfunktional. Solche dysfunktionalen Einseitigkeiten werden von den emotionellen »Indikatoren« Schuldgefühl respektive Schamgefühl (bzw. Wertlosigkeits-, Insuffizienz-, Minderwertigkeitsgefühle usw.) sofort signalisiert. Wird Autonomie, Eigenständigkeit, Durchsetzung eigener Interessen einseitig und systematisch zugunsten einer sozialen Anpassung vernachlässigt, so entstehen Insuffizienzgefühl, Selbstverachtung und schließlich auch Scham. Werden dagegen die sozialen Triebe, das Bedürfnis nach aktiver Liebe, nach Solidarität zugunsten egoistischer Entscheidungen vernachlässigt oder verletzt, so tritt Schuldgefühl auf.*

Bei Tieren ist die erforderliche Balance zwischen den beiden Polen offensichtlich durch genauere, präzisere und dafür aber auch deutlich rigide Instinktsysteme festgelegt. Hier ist sozusagen im Prinzip der Konflikt ein für allemal »gelöst«. Dagegen muß der Mensch, der durch sein gelockertes Instinktarsenal weniger präzis in seinem Handeln determiniert, dadurch aber auch flexibler und entwicklungsfähiger ist, immer neue Lösungen finden, und zwar Lösungen, welche es ihm ermöglichen, beiden Arten von Tendenzen zu entsprechen und beide Arten von Bedürfnissen zu befriedigen. Dieser idealen Forderung wird aber selten entsprochen. Die »einseitigen« Lösungen (zumal die eigennützlichen) überwiegen. Schuld- oder Schamgefühle sind die Folge.

Es bedarf nun erheblicher Anstrengungen, um Schuld- und Schamgefühle zu kompensieren. Ein unvorstellbares Maß an Energie und Erfindungsgeist wird so für die Bewältigung eines eigentlich sekundären Problems verwendet. Es zeigt sich hier das gleiche, wie wir es für die Angst kennen: Die zunächst sinnvolle Reaktion bzw. der sinnvolle Indikator in der Gestalt von Schuld-

* Der Vollständigkeit halber sei hier hinzugefügt: Werden Autonomiebedürfnisse oder Liebesbedürfnisse von *außen*, also durch äußere Gewalt verhindert, verletzt, vernachlässigt, so entstehen Enttäuschung, Zorn und Aggression.

oder Schamgefühlen bei falschen, einseitigen Konfliktlösungen wird letztendlich selbst zum Problem.
Genau in dieses komplizierte System schalten sich nun Institutionen und Herrschaftssysteme ein, welche diese Bedürfnisse und diese aus ihnen entstehenden Nöte des Menschen ausnutzen. »Der Mensch lebt nicht von Brot allein.« Er braucht viel mehr, unter anderem auch Befreiung von Schuld und/oder Scham und Selbstverachtung. Und dieses Bedürfnis macht ihn zum Opfer derjenigen, die ihm entsprechende »Linderung« zu bieten und zu verkaufen wissen.

4. Zwei Funktionsebenen der Institution

Wir haben gesehen, daß eine falsche und einseitige Lösung des Grundkonfliktes zuungunsten der »sozialen«, objektalen Tendenzen zur Entstehung von Schuldgefühlen führt. Dieses Schuldgefühl möchte ich *primär* nennen. Es signalisiert die Vernachlässigung eines wichtigen, elementaren Bedürfnisses (nach Bindung, Solidarität, Bandstiftung – wie wir sie schon bei Tieren kennen, vgl. Eibl-Eibesfeld, 1984a, unter anderem S. 456f.).
Ich besitze nicht die Kompetenz, um zu beurteilen, ob Verhaltensforscher wie W. Wickler (»Das Prinzip Eigennutz«), die eine Alleinherrschaft des Eigennutzprinzips postulieren, recht haben. Diese Kontroverse erinnert mich aber stark an diejenige zwischen Kohut und Kernberg um die Frage der Alleinherrschaft des Narzißmus. Hier reicht allerdings meine Kompetenz aus, um mit H. Wahl (»Narzißmus?«) zu behaupten: »Die Geschichte des ›Selbst‹ ist sicher mehr als die konfliktreiche Geschichte seiner Triebschicksale und Objektwahlen; sie ist aber *auch* mehr als die Sukzession seiner Selbstobjekt Beziehungen und als sein ›subjektiver Selbstentwurf‹ ... *Sie ist beides zugleich*« (1985, S. 194, Hervorhebung S. M.). Die meines Erachtens richtige Lösung heißt also auch bei H. Wahl: Integratives »Sowohl-als-Auch« und nicht undialektisches »Entweder-Oder«.
Aber auch für den Fall, daß Wickler recht haben sollte – was ich nicht glaube –, behält unsere Analyse ihren Sinn, denn an der Existenz sozialen Verhaltens (gleichgültig, worauf man es schließlich reduzieren will) zweifelt wohl keiner.
Und jetzt noch einmal zum primären Schuldgefühl. Es entspricht

einem primären archaischen Über-Ich und – auf der gesellschaftlichen Ebene – allen jenen Normen, Sitten und Institutionen, welche eine Entlastung im Sinne Gehlens bei den verschiedenen Entscheidungsprozessen (auch innerhalb des Grundkonfliktes und seiner tausendfachen Variationen) bieten. Diese Art von Normen, Sitten, Institutionen stellen sozusagen Instinktsubstitute dar. Was die Tiere buchstäblich instinktsicher »entscheiden« können, müssen wir, in der Kultur, mühsam durch erst erfundene typische »Lösungen« erleichtern, vereinheitlichen, formalisieren.

Diese Instinktsubstitute sind auch deswegen erforderlich geworden, weil der Mensch biologisch, stammesgeschichtlich, nur für das Leben in der kleinen Gruppe, aber nicht in der großen Gesellschaft vorprogrammiert ist (vgl. Lorenz, 1983, S. 151). Diese Normen, Sitten und Institutionen erfüllen aber keineswegs immer nur solche positiven Aufgaben. Im Gegenteil. Unter dem Druck bestimmter sozioökonomischer Bedingungen und durch die Initiative von Menschen, die den Grundkonflikt ihrerseits schon längst zugunsten des Egoismus gelöst haben, erweisen sie sich häufiger als negativ. Selbstverständlich wird es deshalb auch, daß oft Konfliktlösungen gefördert werden, welche den egoistischen sozioökonomischen Interessen der Schöpfer solcher Institutionen entsprechen, wie etwa im Patriarchat den Interessen der Männer zuungunsten der Frauen.

Sowohl aufgrund der *primären Einseitigkeiten* als auch aufgrund der sekundären Dysfunktionalitäten (der Institutionen) entstehen zwangsläufig Spannungen: Die Verletzung von Autonomie bzw. Liebe erzeugt in der Folge Scham oder Schuldgefühl und letztlich dann auch Aggression.

Diese Gefühle werden nun zum Problem selbst. Und weil dort, wo Probleme, Nöte, Spannungen und Bedürfnisse vorhanden sind, auch Lösungsversuche, Bemühungen und Anstrengungen zu ihrer Linderung und Aufhebung sehr bald entstehen, entwikkeln sich nun Institutionen und Normen mit der Funktion, die entstandenen Probleme zu lösen und Spannungen abzubauen. Ich nenne sie Institutionen zweiter Ordnung. Gemeint sind vorwiegend eigentlich *Funktionen* zweiter Ordnung, weil es in vielen Fällen nicht um die Gründung neuer Institutionen geht, sondern um die Umfunktionalisierung vorhandener. So entstehen Institutionen speziell zur Regulierung von Schuld- und Schamgefühlen

und Aggressionen, wie etwa die Beichte. In anderen Fällen aber handelt es sich auch um Institutionen, welche offiziell eine andere Funktion innehaben und nun die hier genannten Aufgaben zusätzlich übernehmen. Die Gründe dafür sind in früheren Kapiteln erläutert.
Was uns aber hier interessiert, ist der Umstand, daß diese Institutionen im Gegensatz zu denjenigen der »ersten Ordnung« keine Entscheidungshilfe in bezug auf den Grundkonflikt darstellen, sondern vielmehr versuchen, die emotionellen Indikatoren (Schuld- bzw. Schamgefühl sowie Aggression) als solche *symptomatisch* und *nicht ursächlich* zu »behandeln«. Durch sie wird nicht an der Ursache, sondern am Symptom kuriert. Schuldgefühle werden etwa durch symbolische oder tatsächliche Opfer »ausgeglichen«. Die Aggression wird verboten, bestraft oder umkanalisiert. Oder umgekehrt: Das zu stark angepaßte und eingeschüchterte Kind wird zur Selbständigkeit und Autonomie aufgefordert (sei aggressiv, sei spontan, sei selbständig!). Solidarität oder auch gesunder Egoismus entstehen hier dann nicht spontan, sondern werden empfohlen, geübt oder sogar befohlen. Verschiedene Erziehungssysteme, zum Teil die Strafjustiz, die Kirche, die Schule, der Sport, das Militär etc. übernehmen diese Funktionen einer *nachträglichen Korrektur* der Folgen von inadäquaten Lösungen des Grundkonfliktes. So übernimmt die Kirche die Funktion, den »bösen«, »wilden« in einen »guten« Menschen zu wandeln, und das Militär (»die Schule der Nation«) sieht es als seine Aufgabe an, aus dem verweichlichten Jungen einen Mann zu machen. Es wird symptomatisch kuriert, korrigiert, geflickt und umgenäht, so daß man zum Schluß vergebens den Menschen in seinem Kern sucht. Die Verwirrung wird aber zusätzlich dadurch noch größer, weil im Rahmen dieser sekundären, künstlichen, nachträglichen Korrektur und Politur vereinzelt Inseln von primären Lösungen und damit zusammenhängenden authentischen Erlebnissen mit Evidenzcharakter doch möglich sind. So kann man (um bei dem Beispiel von vorhin zu bleiben) durchaus auch gelegentlich mit Hilfe der Kirche zu echten Begegnungen mit sich und anderen gelangen; oder man kann auch im Krieg Grenzerfahrungen machen und höchste Grade der Selbstaufopferung und echter Solidarität erleben. Dadurch ist aber nun die Verwirrung des – vergebens nach Orientierung suchenden Individuums vollständig!

Folgenschwerer gestaltet sich solches Kurieren am Symptom dort, wo Schuldgefühle und/oder Aggression externalisiert werden (»Feindbildung« – darüber Näheres im VII. Kapitel über die Kriegsdynamik).
Unabhängig davon besteht aber die Tragik solcher Entwicklungen darin, daß die komplizierten sekundären Systeme der Korrektur und der symptomatischen Kur das Primäre, auch das primäre Schuldgefühl (was ja seinen Sinn hatte), in der entstehenden Verwirrung verschütten. Es verhält sich nämlich so, daß Übertretungen der Normen und Prinzipien in der Institution zweiter Ordnung ebenfalls zu Schuldgefühl-(oder Scham-)entwicklung führen können. Es sind Schuldgefühle, die ich zum Zwecke der begrifflichen Differenzierung als »Schuldgefühle zweiter Ordnung« bezeichnen möchte. Es ist nämlich ein großer Unterschied, ob ich Schuldgefühle bekomme, weil ich meine spontanen Liebes- und Solidaritätsneigungen zugunsten einseitiger egoistischer Entscheidungen vernachlässigt habe; oder ob ich Schuldgefühle bekomme, weil ich der Aufforderung der Eltern, anderer Elternfiguren oder der Gesellschaft selbst (zu Solidarität und Nächstenliebe) nicht nachgekommen bin. Viele Kindertherapeuten berichten darüber, wie zuweilen Eltern und andere Erziehungspersonen die spontane, natürliche soziale Zuwendung kleiner Kinder durch Anweisungen und/oder befohlenen, aufgezwungenen Altruismus zunichte machen und zum Erliegen bringen. Bei genauer Betrachtung zeigt sich, daß die Kinder in einer solchen Konstellation in eine Double-bind-Falle hineingeraten: Während sie dabei sind, eine schöpferische synthetische Lösung des Grundkonfliktes zu entwickeln, indem sie *von sich aus* solidarisch und freundschaftlich und liebevoll sind und somit gut *und* stark, sich mit sich selbst identisch fühlen und in gleicher Weise objektale wie narzißtische Bedürfnisse befriedigen, werden sie durch die Interventionen der Erziehungspersonen gestört und verwirrt. Denn: Wenn sie sich solidarisch verhalten *sollen*, weil die Erziehungspersonen es so wollen, müssen sie »Gehorsam« statt Eigenleistung vollbringen und ihr Autonomiebedürfnis, das gerade entsteht, vernachlässigen bzw. hintanstellen. Die Kinder stehen also vor der Alternative: Entweder verhalten sie sich, wie gewünscht, »sozial« und fühlen sich in ihrem eigenen Bestreben entwertet, traurig und vielleicht auch aggressiv – denn sie haben nur gehorcht. Oder sie weigern sich zu gehorchen und haben dadurch

sowohl sekundäre Schuldgefühle (weil sie nicht gehorcht haben) *als auch primäre* Schuldgefühle, weil sie ihren natürlichen, positiven objektalen Tendenzen nicht entsprochen haben.

Ich glaube, daß diese, zunächst vielleicht etwas komplizierte und konstruiert erscheinende Konzeptualisierung (des primären und sekundären Schuldgefühls) große praktische Vorteile hat. Sie erklärt die tatsächlich unterschiedliche Qualität des Schuldgefühls der ersten und der zweiten Ordnung. Darüber hinaus vermag sie diese unsere Abneigung, dieses leise »Übelkeitsgefühl«, was wir gelegentlich angesichts moralisierender Aufforderungen zur »Nächstenliebe« bekommen, zu erklären! Das Übelkeitsgefühl beruht nämlich nicht nur auf der in solchen Fällen häufigen doppelten Moral, dem Betrug und der Doppelgesichtigkeit (die anderen zum Altruismus antreiben, während man selbst nach dem Eigennutzprinzip lebt!). Vielmehr und darüber hinaus geht es um dieses, meist nicht klar faßbare Bewußtsein, in eine Double-bind-Falle hineingelockt worden zu sein, aus dem man selten unbeschädigt herauskommen kann. Denn egal, was man tut, man wird (wie das oben erwähnte Kind) mit sich selbst unzufrieden sein.

Diese Unterscheidung zwischen Schuldgefühl (analog auch Über-Ich, Institution oder Institutions-Funktionen) erster und zweiter Ordnung könnte die Diskussion zwischen Psychoanalytikern und Ethologen (Verhaltensforschern) sehr erleichtern.

Schließlich würde man mit Hilfe dieser Konzeption besser verstehen, warum keineswegs alle Schuldgefühle und alle Über-Ich-Anteile zu »analysieren« sind. Es war, glaube ich, Martin Buber, der einmal schrieb, daß das Weganalysieren existentieller Schuldgefühle mit Hilfe einer psychoanalytischen Behandlung dazu führe, daß der Betreffende am Ende der Kur weniger Mensch als an ihrem Anfang sei. Analysieren und dadurch aufheben sollte man die Schuldgefühle der zweiten Ordnung und nicht diejenigen, welche eine inadäquate Lösung des Grundkonfliktes signalisieren und deswegen sehr ernst genommen und akzeptiert werden müssen.

5. Der Trieb-Kultur-Antagonismus und das Realitätsprinzip

Es hört sich wie ein krasser Widerspruch an, wenn Freud einerseits von der Triebfeindlichkeit der Kultur andererseits aber davon spricht, daß die Kultur ein Prozeß im Dienste des Eros sei, »der vereinzelte menschliche Individuen ... zu einer großen Einheit, der Menschheit zusammenfassen wolle ... das sei eben das Werk des Eros« (Freud, 1927, S. 481).

Wie kann man das nun verstehen? Ist es vielleicht möglich, daß der von Freud angenommene Antagonismus zwischen Kultur und Trieb eigentlich nur für die narzißtischen, für die Eigennutzanteile und nicht für die objektal-sozialen gelte? Freudsche Zitate wie das obige, in denen die objektal-sozialen Tendenzen als eine der Grundvoraussetzungen (oder sogar als die Hauptförderer) der Entstehung von Gruppen, von Gesellschaft und Kultur dargestellt werden, könnten diese Annahme unterstützen. Warum aber verlangt dann »die Kultur« einen Verzicht nicht nur auf aggressive (ich sage: narzißtische), sondern auch auf libidinöse Befriedigungen? Warum verlangt sie (die Kultur) einen weitgehenden Verzicht auf sexuelle Freizügigkeit, wenn Libido geradezu die Voraussetzung von Kultur sei?

Ganz einfach deswegen, würde Freud antworten, weil hier selbstverständlich nur die *zielgehemmte* Libido gemeint ist. Sie und nur sie ist nach Freud kulturfördernd und kulturbildend. Dagegen sei der ungehemmte und uneingeschränkte sexuelle Trieb kulturfeindlich. Diese Antwort scheint den Widerspruch aufzulösen, allerdings für einen sehr hohen Preis, nämlich die Einführung des umstrittenen Begriffs der »zielgehemmten Libido«, der seinerseits noch mehr Probleme aufwirft. Ich will hier nicht die Frage diskutieren, ob es nicht einfacher wäre, den Begriff der zielgehemmten Libido – mit dem Freud alle sozialen Bindungstendenzen aus dem Sexualtrieb abzuleiten versucht – als zu hypothetisch aufzugeben und die Frage der Beziehung zwischen der reinen Sexualität und den Bindungs- und bandstiftenden Tendenzen anders zu begreifen oder auch zunächst offenzulassen. Ich gehe also auf diese Diskussion nicht ein und versuche, die eingangs gestellte Frage (wie der Widerspruch im Freudschen Text aufzuheben sei) über einen einfacheren Weg, nämlich über die Erläuterung des Realitätsprinzips (Freud), zu beantworten.

Die Spannung zwischen (narzißtischen oder objektalen) Triebbedürfnissen einerseits und den realen Möglichkeiten ihrer Befriedigung andererseits kann auch als *Konflikt* begriffen und benannt werden – allerdings, anders als bis jetzt, als ein *äußerer* Konflikt zwischen Triebwunsch und Realität. Eine Fülle von Adaptationsmechanismen, die Freud unter dem Begriff des Realitätsprinzips zusammengefaßt hat, hat die Funktion, diesen Konflikt zu lösen, zu bewältigen – etwa durch Triebbefriedigungsaufschub.
Dieser äußere Konflikt ist eine nicht wegzuleugnende zentrale Gegebenheit. Und Kultur entsteht tatsächlich zu einem großen Teil als Resultat aller dieser Adaptationsprozesse, die nach dem Realitätsprinzip funktionieren. An erster Stelle gehört dazu freilich die *Arbeit*, ihre gesellschaftlichen Organisationsformen etc. Meine These lautet nun folgendermaßen: Nicht das vom Über-Ich (und den dazugehörigen Institutionen) auferlegte Verbot der Triebbefriedigung, sondern nur der aus dem Ich – gemäß dem Realitätsprinzip – hervorgehende Triebbefriedigungsaufschub ist für Kultur und Gesellschaft konstitutiv. Das vom Über-Ich auferlegte Triebverbot hingegen ist die *überflüssige* Repression (etwa im Sinne von Marcuse). Sie ist gleichermaßen triebfeindlich und kulturhemmend. Dagegen ist die dem Realitätsprinzip angelehnte Triebregulierung, Modifikation und Aufschub, letztlich kulturfördernd. Dies impliziert auch folgendes: Kultur entsteht eigentlich nicht mit dem Ziel der Triebunterdrückung, sondern umgekehrt: Kultur ermöglicht vielfach erst Triebbefriedigung, wenn auch über den (aus realistischen Gründen notwendigen) Umweg des Triebbefriedigungsaufschubs (Realitätsprinzip).
Das Gesagte sollte aber nicht dahingehend mißverstanden werden, daß Kultur sich in dieser, realitätsbezogenen, Triebbefriedigung erschöpft! Eine solche Auffassung würde ja einem (durch das Realitätsprinzip lediglich nur gemäßigten) Hedonismus gleichkommen! Kultur ist sicher mehr als dies. Sie beinhaltet das Transzendieren der einfachen Triebzielsetzungen, einen Vorgang, der zwar zunächst – biologisch gesehen – auch als ein Funktionswandel (etwa im Sinne der Evolutionstheorie und der Ethologie) bezeichnet werden kann, der aber darüber hinaus die *Schöpfung* neuer Lebens- und Erlebensqualitäten, neuer Werte, schließlich neuer subjektiver und objektiver »Welten« zur Folge hat.

Jedoch noch einmal zurück zu der »überflüssigen Repression«. Die Frage danach, woher denn sie, die vom Über-Ich und den entsprechenden Institutionen ausgehende Repression, stamme, kann innerhalb unseres Modells relativ leicht beantwortet werden: Sie entspricht der Funktion der Institutionen zweiter Ordnung. Sie ist das Resultat der sekundären, symptomatischen, palliativ arbeitenden Über-Ich-Instanzen der zweiten Ordnung, welche die »Aufgabe« haben, die Folgen inadäquater Lösungen des Grundkonfliktes zu korrigieren und zu kompensieren. Weil sie »symptomatisch« wirken, können sie auch nicht funktional im eigentlichen Sinne sein. Und sie müssen – wie Schmerzmittel und Schlafmittel – in immer höherer Dosierung gegeben werden, weil sie eben nicht die Ursache, sondern das Symptom bekämpfen. Zu welchem Extrem diese Steigerung der Dosis führen kann, zeigen Beispiele wie das der »Schwarzen Pädagogik« (Katharina Rutschky) oder der Todesstrafe.

6. Der Gegensatz zwischen Triebwunsch und Realität in seiner Beziehung zum sozialen Konflikt

Ich habe im vorigen Absatz den *äußeren* Konflikt zwischen Triebwunsch und Realität eine nicht wegzuleugnende elementare Gegebenheit genannt. Eine andere wichtige und ebenfalls grundlegende Gegebenheit stellt der soziale Konflikt dar, d.h. die Spannung zwischen den Interessen und Bedürfnissen verschiedener Gruppen. Dieser Konflikt läßt sich nicht ohne weiteres und nicht ganz auf jenen äußeren Konflikt (zwischen Trieb und Realität) reduzieren. Zwar kann der Mitmensch (das andere Mitglied der Gesellschaft, der Angehörige meiner, aber insbesondere auch einer anderen sozialen Klasse) eben dieses reale Hindernis bei der Befriedigung meiner Bedürfnisse darstellen (Konkurrenz bei Güterknappheit etc.). Dennoch ist es ein Unterschied, ob das Hindernis bei der Befriedigung meiner Bedürfnisse die unbelebte Natur, also die Trägheit der Materie oder auch das schlechte Wetter, ist, oder ob es in einem Mitmenschen, sei es dem erklärten Feind und Konkurrenten oder aber einem Angehörigen meiner Gruppe, der ebenfalls Hunger hat und mit dem ich deswegen das Brot teilen muß, besteht.

Zunächst sieht es so aus, als ob kein großer Unterschied darin bestehe, daß meine Hungersnot einmal auf das schlechte Wetter und das andere Mal auf Begierde und/oder Not der Mitmenschen zurückgeht. Hinsichtlich meiner intrapsychischen Reaktionen zeigt sich jedoch sehr wohl ein Unterschied. Wenn es in meiner Hand läge, das schlechte Wetter zu verändern, so würde ich dies tun und in der Folge ob meiner Handlung keinerlei Schuldgefühle bekommen. Würde ich aber einen mit mir um Nahrung konkurrierenden Mitmenschen ausschalten, um selbst satt werden zu können, so entsteht in der Folge unweigerlich in mir Schuldgefühl: das primäre Schuldgefühl. Der Triebwunsch-Realitäts-Konflikt, welcher auch in beiden Fällen entsteht, erhält im zweiten Fall seine besondere Qualität, eine zusätzliche Komponente, dadurch, daß es zu einer *Verschränkung mit dem inneren Grundkonflikt* kommt: Die äußere Not stellt mich vor das Dilemma, ob ich eigennützlich oder sozial handeln soll. Diese interessante Konstellation wird uns im nächsten Absatz beschäftigen. Zunächst möchte ich aber hier nur noch einmal hervorheben, daß das soeben charakterisierte Schuldgefühl ein *primäres* Schuldgefühl ist. Wahrscheinlich erstreckt sich dies sogar auf unsere Beziehung zu Tieren und Pflanzen und somit zu der lebenden Natur überhaupt.*

Aber jetzt noch einmal zu der Frage nach dem Unterschied zwischen dem realen, allgemeinen Konflikt (dem realen Gegensatz zwischen Triebwunsch und Realität) einerseits und dem sozialen Konflikt andererseits.

Nach dem Realitätsprinzip müssen wir, die wir durch *eigene Arbeit* unser Brot herstellen, die Befriedigung unseres Hungers aufschieben, bis wir vorab mit oft harter und unangenehmer Arbeit das Brot auch produziert haben. Dies ist eine wichtige, zentrale Dimension der ersten großen gesellschafts- und kulturbildenden Kraft: der Arbeit. Man schließt sich zusammen, um dem Realitätsprinzip entsprechend (Arbeitsteilung, Organisation usw.) *alle* befriedigen zu können.

Die zweite, ebenfalls wichtige Dimension und Kraft ist eine primär emotionelle und vorgegebene. Sie besteht in den schon stam-

* Als ich zum ersten Mal in meinem Leben einen Baum gefällt hatte, traf mich das Ächzen der umkippenden Birke »ins Herz«, und ich spürte eine Mischung aus Mitleid, Schuld und Angst – übrigens keine Angst vor dem Förster, denn die Aktion war berechtigt und legal!

mesgeschichtlich verankerten bandstiftenden Tendenzen, welche sich mit dem Realitätsprinzip noch gegenseitig verstärken.
Dennoch: Ebenfalls und unbestreitbar dem Realitätsprinzip entsprechend handeln wir, wenn wir nun andere für uns arbeiten und von ihnen unser Brot backen lassen! Die Übereinstimmung dieses Verhaltens mit unseren sozialen, bindenden, freundschaftlichen, liebenden Tendenzen geht aber dabei verloren; es entsteht das primäre Schuldgefühl. Bertolt Brecht meint zwar, daß ein Theaterstück, in dem ein Kapitalist Schuldgefühle bekomme, verlogen sei (siehe bei Cremerius, 1979) – die Frage danach aber, wie es denn kömme, daß ein Kapitalist keine *bewußten* Schuldgefühle habe, muß gesondert betrachtet werden.
Was bedeuten diese Ausführungen nun für die Kulturtheorie?

(a) Kultur entsteht durch Arbeit, zumal gesellschaftlicher Arbeit. Daß dabei Trieb und Triebaufschub wichtig sind, ist wohl eine Selbstverständlichkeit; dennoch schafft der Triebaufschub für sich allein noch nicht Kultur! Es bedarf zusätzlich erstens der Arbeit bzw. der real bezogenen vernünftigen Lösungen und zweitens der sozial-liebenden Tendenzen.
(b) Man könnte denken, daß eine Sozialisation, die den Schwerpunkt auf Bindung, Solidarität, Kollektivinteresse etc. setzt, also eine Sozialisation, die eine einseitige Lösung des Grundkonflikts zugunsten der Sozialtriebe fördert, alle Probleme auf einmal lösen würde. Die mit Hilfe des Realitätsprinzips umgelenkten und koordinierten triebhaften eigennützlichen Tendenzen sowie die sozialen, solidarisierenden Triebkräfte würden *parallel* laufen und sich gegenseitig zum Wohle aller verstärken. Es gäbe keine Benachteiligten (die aggressiv sein müßten, weil sie überproportional viel mehr arbeiten). Es gäbe kein Schuldgefühl, weil es keine Menschen gäbe, welche die anderen ausnutzen. Die Befriedigung der Triebwünsche würde durch die solidarische gemeinschaftliche und gerechte Verteilung der Lasten unter der Verwendung des Realitätsprinzips stattfinden. Der kulturelle Zuwachs wäre garantiert.

Dem ist aber nicht so. Sofern es hier und da gelungen ist, die einseitigen Eigennützler, also etwa die Feudalherren oder die Kapitalisten, auszuschalten, um eine solche Gesellschaft entstehen zu lassen, fehlte es bald vielfach an »Dynamik«. Die Bedürfnisbefriedigung klappte nicht richtig, es gab viel Frustration und Är-

ger, und schließlich bildeten sich neue Privilegiertenklassen, die es schafften, einen kleineren Triebaufschub als die anderen leisten zu müssen.
Meine optimistische Sicht besteht nun in Folgendem: Ich bin nicht bereit, resignierend festzustellen, daß dies wohl eben die Struktur der Welt sei und daß in Wirklichkeit doch das Eigennutzprinzip das herrschende Prinzip und das Ausnutzen des einen durch den anderen unvermeidlich sei. Ich gehe vielmehr davon aus, daß der Mißerfolg der betont »sozialen« (sozialistischen bzw. kollektivistischen) Versuche darauf zurückzuführen ist, daß diese – das Intrapsychische vernachlässigend – auf einer einseitigen Lösung des Grundkonflikts basieren, daß sie nicht den Autonomie- und Selbständigkeitspol genügend berücksichtigt haben.
Dies wird, hoffe ich, etwas verständlicher durch die nachfolgenden Ausführungen.

7. Die Beziehungen zwischen dem intrapsychischen Grundkonflikt und dem sozialen Konflikt

Der soziale Konflikt (an erster Stelle der Konflikt zwischen den Sozialklassen, aber auch andere Interessenkonflikte zwischen den unterschiedlichsten Gruppierungen) läßt sich selbstverständlich zunächst als ein Eigennutz-gegen-Eigennutz-, als ein Egoismus-gegen-Egoismus-Konflikt erfassen. Aus diesem Grunde tendiert man auch dazu, ihn als eine selbstverständliche Fortsetzung des Existenzkampfes in einer komplizierteren und kollektiven Form zu sehen. Es sei ein Konflikt, der auf der »Tatsache« beruhe, daß der Mensch ein *homo oeconomicus* sei, also jemand, der an erster Stelle vom Eigennutzprinzip beherrscht werde, so daß jede (natürliche oder künstlich erzeugte) Güterknappheit zwangsläufig eben zum Konflikt führen muß.
Diese Herrschaft des Eigennutzprinzips scheint unumstritten. Denn auch wenn man heute damit beginnt, das Konzept des *homo oeconomicus* – also des Idealtypus eines vollkommenen Wirtschaftsmenschen rationaler Prägung, der gewissermaßen als eiskalter Rechner im Besitz vollkommener Marktübersicht und Vorausschau ausschließlich von seinem Streben nach einem Nutzenmaximum erfüllt ist (G. Schmölders, 1972) –, zu relativieren

und zu überwinden, und auch wenn man anzuerkennen beginnt, daß selbstverständlich der Mensch nicht nur materielle, sondern auch immaterielle Bedürfnisse hat, so behält, trotzdem, in den Gesellschaftstheorien das Eigennutzprinzip seinen Vorrang. Dies trifft zu, wenn etwa Gerloff (1952, zit. bei Schmölders, S. 143) dem *homo oeconomicus* den *homo ambitiosus* gegenüberstellt und somit das stärkste Motiv im gesellschaftlichen Geschehensablauf im Streben nach Anerkennung und nach persönlicher Hervorhebung und Auszeichnung sieht. Das gleiche gilt auch, wenn andere Autoren auf andere narzißtische Bedürfnisse aufmerksam machen: »Der Mensch weiß und will wissen, wo er ›hingehört‹, und fühlt sich nur wohl, wenn und solange diese Einordnung in einer sozialen, betrieblichen oder vereinsmäßigen Hierarchie klar und erkennbar festgelegt ist ...« (Schmölders, a.a.O., S. 155).

Ob es um materielle Güter oder aber auch um Ruhm und Ehre oder auch wiederum um Zugehörigkeit, Identität, Geborgenheit usw. geht, geraten – so die herrschenden Theorien – die Menschen aufgrund einer – natürlich vorgegebenen oder künstlich erzeugten – Knappheit in einen Konflikt. Und dies um so mehr und um so leichter, wenn die Betroffenen davon ausgehen, daß hier die Bedingungen eines Nullsummenspiels vorliegen. Das heißt: Das, was ich mir mit Arbeit und/oder Geschick und/oder Gewalt anschaffe, muß dem anderen entzogen werden und umgekehrt. Auf das, was der andere gewinnt, muß ich verzichten.

Diese Gedankenführung erscheint eigentlich so selbstverständlich, daß man sich zunächst schwer vorstellen kann, was man dagegen überhaupt einzuwenden hätte. Ich habe aber etwas dagegen zu sagen.

Ich stelle die These auf, daß die hier gemeinten »sozialen« Konflikte zwar tatsächlich aus der absoluten Herrschaft des Eigennutzprinzips resultieren, daß aber diese Herrschaft keine *primär* gegebene ist, sondern durch eine *vorausgehende* Entscheidung über den intrapsychischen Grundkonflikt entsteht. Die Herrschaft des Eigennutzprinzips ist das Resultat einer einseitigen Pseudolösung des Autonomie-Bindungs-Konfliktes. Diese einseitige Entscheidung zugunsten der Autonomie bzw. des Eigennutzprinzips wird immer wieder und von neuem getroffen, und zwar aufgrund struktureller Gegebenheiten der herrschenden Sozialisationsbedingungen. Die in ihnen involvierten Normen, Sitten, festgefahrenen Tendenzen und insbesondere Institutionen garantieren die Perpetuierung dieser »Lösung« des Grundkonfliktes.

Man wird mir mit Sicherheit entgegenhalten: Nehmen wir an, Sie haben recht und es verhält sich tatsächlich so, wie Sie behaupten. Nehmen wir an, es ist wahr, daß die Herrschaft des Eigennutzprinzips keine primäre, sondern das Resultat einer konstant sich wiederholenden Entscheidung des *davor* existierenden Grundkonfliktes in eine bestimmte Richtung ist.

Was macht das aber überhaupt für einen Unterschied in der Praxis aus? Eigennützlich verhält man sich so oder so, also in beiden Fällen. Denn bei beiden Konzeptionen entstehen Eigennutz-gegen-Eigennutz-Konflikte. Ob der Arbeitgeber den Arbeitnehmer aufgrund einer primären absoluten Herrschaft des Eigennutzprinzips ausnutzt oder ob er dies tut, weil er schon davor und ziemlich früh und aufgrund seiner Sozialisation den Grundkonflikt zugunsten des Eigennutz-Pols entschieden hat, macht in der Praxis keinen Unterschied.

Ich meine nun, daß es doch einen Unterschied, und zwar einen gewaltigen Unterschied, ausmacht:

(a) Die Entscheidung des Grundkonflikts zugunsten des Eigennutzes fällen der einzelne und die Gruppe nicht frei (gibt es überhaupt so etwas?), sondern, wie eben angedeutet, im Rahmen und unter den Bedingungen ihrer Sozialisation im vorhandenen System von Normen, Sitten und Institutionen. Dies bedeutet, daß prinzipiell unter anderen Bedingungen, unter anderen Normen, Sitten und Institutionen, auch eine andere, etwa die entgegengesetzte, Entscheidung möglich wäre. Dies ist tatsächlich gelegentlich auch der Fall, so etwa in betont kollektivistisch orientierten Gesellschaftssystemen, die ebenfalls einseitige, nunmehr den sozialen Pol bevorzugende Pseudolösungen fördern. Das sind »Lösungen«, die wegen eben dieser ihrer Einseitigkeit auf die Dauer ebenfalls zu Schwierigkeiten und Komplikationen führen müssen – nunmehr, weil Autonomie, Freiheit, Individualität unterdrückt werden. Aufgrund fehlender Kompetenz vermag ich nicht, diese Einsichten mit konkreten Beispielen auch aus der Wirtschaft zu belegen. Ich kann nur als Nichtfachmann die Frage aufwerfen, ob nicht etwa der »freie Markt« – zunächst einmal – eine geniale Lösung des »Sowohl-als-auch«-Typus, eine Errungenschaft des Menschen ist (»Ich bediene Dich, indem ich mich bediene« und umgekehrt), die aber lediglich eine relativ labile Konstruktion ist und viele Gefahren enthält (Monopolisierung etc.). Insgesamt betrachtet, gibt es offenbar nur wenige Beispiele für stabile, ausgewogene Lösungen des Sowohl-als-auch-Typus (gemeint sind freilich nicht Lösungen etwa im Sinne des »lauwarmen« oder »faulen« Kompromisses, sondern solche der echten dialektischen Aufhebung des Widerspruchs). Trotzdem: Solche Ansätze in dieser Richtung, seien sie auch nur selten, labil und sektorenhaft, sind Ansätze, die erfolgreich ablaufende Teilstrecken und Synthesen ermöglichen und somit doch einen gewissen Optimismus über mögliche Veränderungen in der Bewältigung sozialer Konflikte rechtfertigen. Die Annahme einer primären und absoluten Herrschaft des Eigennutzprinzips läßt dagegen einen solchen Optimismus nicht zu.

(b) Ist die Herrschaft des Eigennutzprinzips eine sekundäre, ist sie das Resultat der Pseudolösung des präexistierenden Grundkonflikts, so muß das Handeln nach diesem Eigennutzprinzip von *Schuldgefühlen* begleitet werden, sei es auch nur in unbewußter Form (vgl. hierzu das oben Dargelegte über die Funktion von Schuld- und Schamgefühlen als Indikatoren für falsche Lösungen des Grundkonfliktes).

Anders ausgedrückt: Der wertvolle Beitrag von Erdheim über die gesellschaftliche Produktion von Unbewußtheit (1984) – gemeint ist die Unbewußtmachung der (berechtigten) Aggression der Unterdrückten zum Zwecke einer leichteren und »ökonomischeren« Aufrechterhaltung des vorhandenen Herrschaftssystems – müßte eigentlich durch einen zweiten Beitrag ergänzt werden, der die Produktion von Unbewußtheit in bezug auf das primäre *Schuldgefühl der Herrscher* zum Thema haben sollte! Es läßt sich tatsächlich in der Sozialisation der künftigen Vertreter der herrschenden Klasse nachweisen, daß eine solche Unbewußtmachung betrieben wird – man könnte auch von einer systematischen Zerstörung der (stammesgeschichtlich vorgesehenen) bandstiftenden Tendenzen, des Mitleids, der Tötungshemmung, der sozialen Tendenzen überhaupt sprechen. Diese werden innerhalb dieser Sozialisation ausgerottet und allenfalls nur oberflächlich, aus Gründen der ebenfalls eigennützlichen politischen Taktik deklamatorisch vorgeschrieben (seid nett zueinander!).

Diese sozialen Tendenzen lassen sich aber nicht ohne weiteres zum Verschwinden bringen. Sie existieren weiterhin, vielleicht auch im Unbewußten der schlimmsten Vertreter des absoluten

Eigennutzprinzips. Diese Schuldgefühle müssen irgendwie erledigt werden, und hierzu haben sich die Projektion, die Feindbildung und schließlich der Krieg als die »besten« Mittel erwiesen. Davon handelt aber das nächste Kapitel.

Zusammenfassend läßt sich also die am Anfang dieses Kapitels gestellte Frage nach dem Ursprung der ungeheuer verbreiteten intrapsychischen Spannungen, die Frage nach dem Ursprung des unermeßlich großen neurotischen Potentials innerhalb einer Sozietät folgendermaßen beantworten:
Die Spannung zwischen Triebwünschen (Bedürfnissen) und Realität macht für sich schon dem Menschen das Leben buchstäblich schwer; er muß sein Brot selbst mit harter Arbeit produzieren. Diese Last jedoch wäre gemeinschaftlich und solidarisch durchaus zu tragen, wenn es nicht zu einer Verschränkung dieses äußeren Konfliktes mit dem intrapsychischen Grundkonflikt käme. Der Mensch ist nämlich instinktmäßig nicht festgelegt bei seinen sozialen Entscheidungen. Er soll sogar gleichzeitig autonom und gebunden, gleichzeitig eigennützlich und solidarisch sein. Von Vorteil ist zwar dabei, daß er dadurch für weitere Entwicklungen und Konfliktlösungen offen bleibt. Gute, ausgewogene, (dialektisch) wirklich synthetische Lösungen zu finden, ist ihm bisher allerdings nur selten gelungen. Im Gegenteil, muß man feststellen. Die festgefahrenen und durch die Sozialisation sich perpetuierenden einseitigen Lösungen – häufig zugunsten des Eigennutz- und selten zugunsten des »sozialen« Pols – führen erstens zu einer extremen chronischen Zuspitzung der aus der Güterknappheit logisch entstehenden, im Prinzip aber lösbaren Probleme (Sozialkonflikt, Klassenkampf usw.).
Zweitens kommt es durch solche »Lösungen« aber zu einer weit schlimmeren und unerträglicheren Situation: Die erforderlich werdenden Korrekturen und Kompensationen durch zusätzliche Normen, Sitten und Institutionen und die dazugehörigen Schuldgefühle zweiter Ordnung schaffen recht komplizierte, fast undurchschaubare und sehr widersprüchliche Konstellationen. Diese lassen alltäglich in weitaus der Mehrheit aller Menschen ungeheure Potentiale von Schuld-, Scham-, Wertlosigkeits-, Enttäuschungs-, Wut-, Aggressions- und Resignationsgefühlen entstehen, aber auch Desorientierung und Verwirrung. Es ist mehr als verständlich, daß bei den Menschen, die hieraus Auswege su-

chen, allmächtige und den Ursprungsgefühlen adäquat intensive Bedürfnisse entstehen, welche nun von denjenigen (Eigennützler) ausgenutzt werden, die eine symptomatische Linderung und Pseudolösung zu verkaufen wissen.

VII. Der Krieg als psychosoziales Arrangement

In den letzten Jahren ist erfreulicherweise auch unter psychoanalytisch orientierten Autoren das Interesse für die Dynamik des Phänomens Krieg deutlicher geworden. Die hierzu formulierten Hypothesen sind einerseits interessant, teilweise auch originell, weil sie über die früheren, von Freud und den Schülern der ersten Generation aufgestellten, hinausgehen. Andererseits aber erwekken sie gelegentlich den Eindruck einer nicht nur etwas naiven, sondern auch gefährlichen Tendenz zur einseitigen Psychologisierung der hier involvierten politischen und sozioökonomischen Prozesse. Ich beabsichtige, im folgenden die Grundlinien eines Konzeptes darzustellen, das von einer Gleichgewichtigkeit der politisch-sozioökonomischen und der psychosozialen Dimension ausgeht und die schwierige Frage ihrer gegenseitigen Beeinflussung, also der *Verzahnung* dieser Dimensionen mit Hilfe des Modells der institutionalisierten Abwehr, zu beantworten versucht. Zur Vorbereitung der Darstellung dieses Modells ist allerdings vorab eine Klärung der Definition des Krieges sowie eine Schilderung seiner wichtigsten psychosozialen »Funktionen« notwendig.

1. Zur Definition des Krieges

Rein deskriptiv kann der Krieg als die gewaltsame Auseinandersetzung größerer organisierter Gruppen definiert werden. Es läßt sich aber zeigen, daß der Versuch einer darüber hinausgehenden Präzisierung, die auch die Dynamik des Krieges, seine Verursachung, seinen Sinn oder Unsinn, seine Funktion oder Dysfunktion berücksichtigt, auf erhebliche Schwierigkeiten stößt. Kriege entstehen sehr wohl aus Konflikten und stellen gewaltsame Konfliktlösungen (oder Lösungsversuche) dar. Diese banale Feststellung wird aber erst in dem Moment interessant, in dem wir uns die Frage stellen, um welche Konflikte und um welche »Lösungen« es sich *eigentlich* handelt. Ausgehend von einer ideallogischen Konzeption des Krieges, neigt man nämlich dazu, erstens die politischen und sozioökonomischen *Interessenkollisionen* als die alleinbestimmenden zu betrachten, während man eine Reihe anderer, nicht sofort ins Auge fallender Konflikte vernachlässigt. Zweitens tendiert man dazu, den Krieg als ein *zweckrationales* Handeln zu begreifen, ein kollektives Handlungsmuster also, mit dessen Hilfe eine Gruppe die eigenen Interessen gegen diejenigen einer anderen Gruppe gewaltsam durchzusetzen oder zu verteidigen sucht.

Ist aber der Krieg tatsächlich einfach nur die Fortsetzung des Existenzkampfes unter komplizierteren Bedingungen und in kollektiver Form? Ist er wirklich nichts anderes als die natürliche Folge objektiver Machtverhältnisse mit den daraus resultierenden Konflikten bzw. stellt er tatsächlich nur ein zur Durchsetzung der eigenen Machtinteressen *zweckrational* und bewußt intendiertes Tun dar?

Solche Konzeptualisierungen der Dynamik des Krieges erscheinen mir aus mehreren Gründen unbefriedigend. Die kollektive Verteidigung und Sicherung des eigenen Territoriums (wie auch anderer wichtiger Gemeinschaftsgüter und Interessen, z. B. der Freiheit) stellen zwar unbestritten eine natürliche und unabänderliche Notwendigkeit dar – unabhängig davon, ob dies auf dem Verhandlungsweg oder mittels kriegerischer Auseinandersetzungen geschieht. Auch die Tatsache objektiver materieller Interessenkonflikte ist unbestritten. Der Krieg läßt sich aber trotzdem nicht nur als ein zweckrationales Handeln zur »Lösung« oder Entscheidung solcher realer Konflikte begreifen. Eine solche Betrachtung würde zwar einer ideallogischen Definition des Krieges entsprechen, wie sie etwa von Clausewitz angestrebt und meisterhaft formuliert wurde. Sie beschreibt das, was der Krieg »logischerweise« hätte sein sollen. Aber sie erfaßt nicht das, was der Krieg faktisch ist. Denn der Krieg ist meistens nur teilweise zweckgerichtetes, rationales Handeln. Zu einem anderen großen Teil erweist er sich, wenigstens an der Oberfläche, auf der bewußten Ebene als irrational.

Bevor ich dies aber ausführe, muß ich, um einem Mißverständnis vorzubeugen, eindeutiger ausdrücken, was ich mit »Irrationalität des Krieges« *nicht* meine. Was mir vorschwebt, ist eine andere Irrationalität als etwa die von Francis Beer in seinem sonst sehr informativen Buch gemeinte. Er bringt (S. 13 ff.) eine Reihe von Argumenten dafür, daß in Wirklichkeit nur ganz wenige Kriege als Produkt instrumentaler Rationalität verstanden werden können. Es sei meistens nicht so, daß tatsächlich eine Staatsführung den Krieg und die mit ihm verbundenen Risiken und Verluste bewußt in Kauf nimmt, weil und nachdem sie sorgfältig Vor- und Nachteile, Gewinne und Kosten auskalkuliert und aufeinander abgestimmt habe. Dies ergebe sich (nach Beer) auf jeden Fall aus den direkten Berichten von Insidern bzw. Personen, die unmittelbar selbst am Krieg teilnehmen und deren Aussagen sich erheblich unterscheiden von denen der offiziellen Berichterstatter und der offiziellen Geschichtsschreiber. In vielen Fällen seien sogar die angegebenen realen Konflikte überhaupt nicht existent gewesen.

Diese Feststellungen von Beer sind zwar sehr wahrscheinlich richtig. Es trifft tatsächlich zu, daß die Kosten-Nutzen-Rechnung bei der Durchführung von Kriegen oft nicht zu stimmen scheint, daß oft sogar für den Sieger die erreichten *direkten* ökonomischen und sonstigen Vorteile kaum die Opfer und Verluste aufwiegen. Und es ist tatsächlich so, daß die offiziell angegebenen Konflikte (die zum Krieg geführt haben sollen) oft nicht existent oder auf jeden Fall nicht die ausschlaggebenden gewesen sind.

Diese Tatsachen allein berechtigen aber noch nicht zu der Annahme, daß der Krieg irrational sei, und noch nicht zu der Hypothese (seitens der Psychoanalytiker), daß hier unbewußte, intrapsychische Kräfte am Werke seien. Bevor wir die Psychologie des Unbewußten bemühen, empfiehlt es sich, die Rolle und die Bedeutung der zu verteidigenden oder durchzusetzenden *Prinzipien und Strukturen* gesellschaftlicher Systeme zu berücksichtigen. Es handelt sich um strukturelle Gegebenheiten dieser Systeme, für die es sich auch tatsächlich »lohnt«* zu kämpfen und zudem beträchtliche finanzielle Opfer und sonstige Nachteile in Kauf zu nehmen.

Dieser etwa von marxistisch orientierten Autoren vertretene Gesichtspunkt muß ernstgenommen werden. Wir werden sehen, daß zum Beispiel die »Irrationalität« des Falkland-Krieges keineswegs nur auf Kosten der – uns hier freilich mehr interessierenden – intrapsychischen neurotischen Bedürfnisse geht. Zu einem beträchtlichen Teil läßt sich diese angebliche Irrationalität aus der Notwendigkeit einer wohl zweckgerichteten Verteidigung (bzw. Demonstration) von Staatssouveränitätsansprüchen ableiten. Sie

* Gemeint ist freilich ein egoistisches »Sich-Lohnen« derjenigen, die ein Interesse haben, die vorhandenen Strukturen beizubehalten.

ist also realpolitisch keineswegs irrational, sondern sehr gut begründet. Solche Ansprüche stellen eine zentrale Komponente einer bestimmten nationalen und internationalen »Ordnung« dar, wenn sie auch weniger den Interessen der vielen und mehr der Sicherung der Interessen der wenigen dient. Ob nun die Verteidigung oder Durchsetzung solcher Prinzipien und Strukturen *immer* und bei allen Beteiligten *bewußt oder unbewußt* geschieht, ist hier zunächst nebensächlich. Denn auch dort, wo sie tatsächlich (aus Gewohnheit, Sitte, Automatismus etc.) unbewußt erfolgt, handelt es sich sehr wohl um zweckgerichtetes und in gewisser Hinsicht »rationales« Handeln; dafür sorgt die »Logik des Systems«!

Bevor man also unbewußte *intrapsychische* Konstellationen zur Erklärung der Irrationalität des Krieges bemüht, muß man die in gesellschaftlichen und politischen Strukturen enthaltene (eigennützliche) Zweckrationalität berücksichtigen.

Meine These lautet nun: Auch nachdem man diese Art der in der Struktur enthaltenen Zweckrationalität aufgedeckt hat, ist die Irrationalität des Krieges bei weitem noch nicht erklärt worden. Erst die Berücksichtigung der psychologischen »Funktionen« des Krieges vermag den noch *beträchtlichen Rest* an (scheinbarer) Irrationalität verständlich zu machen.

Trotz des schrecklichen Leidens, das Krieg für die meisten impliziert, scheint er in der Art einer Institution sui generis bestimmte psychosoziale »Funktionen« zu übernehmen und bestimmte neurotische Abwehr- und Kompensationsbedürfnisse zu befriedigen, und zwar dadurch, daß er verhängnisvolle psychosoziale Arrangements (im Sinne der institutionalierten Abwehr) möglich macht. Dies scheint mir einer der Gründe zu sein, warum Kriege trotz ihrer Schrecklichkeit immer wieder begonnen und durchgeführt werden. Die Tatsache, daß diese neurotischen Abwehr- und Kompensationsbedürfnisse von denjenigen ausgenutzt werden, welche »zweckrational« – wenn auch egoistisch handelnd – Kriege anzetteln, ändert nichts an der Existenz und Bedeutung dieser psychosozialen Aspekte des Krieges. Ohne sie hätten es die Kriegsmacher ganz sicher auch schwerer.

Soweit zunächst zu dieser Thematik. Die psychosozialen »Funktionen« des Krieges und die Verzahnung der neurotischen Bedürfnisse mit den Institutionen (und den Interessen der Herrschenden) wird uns später ausführlich beschäftigen. Zuvor aber einige Ausführungen zu der Rolle und Bedeutung der Aggression.

Der sogenannte Aggressionstrieb

Wenn Kriege – wenigstens zu einem großen Teil – weder mittels der oberflächlich faßbaren noch aus den tieferen gesellschaftlich-strukturellen Gegebenheiten und den aus ihnen hervorgehenden Zwangsläufigkeiten vollständig ätiologisch erfaßt werden, könnte es nicht sein, daß Kriege letztlich doch einfach nur Ausdruck eines vorgegebenen Aggressionstriebes sind? Eines Triebes, der unter allen Umständen seine Befriedigung sucht?

Die Vertreter der Destruktionstrieb-Hypothese, an erster Stelle Sigmund Freud selbst, gehen tatsächlich davon aus, daß die Lust an Aggression und Destruktion eine der wichtigsten Kriegsmotivationen sei.

Demgegenüber möchte ich die, unvermeidlich provokative, These aufstellen: Der Krieg hat hinsichtlich seiner Auslösung eigentlich, primär, relativ wenig mit Aggression, geschweige denn mit einem Todestrieb zu tun!

Wie ist das gemeint?

Weil der Krieg destruktive Aggressivität impliziert, weil er im wesentlichen aus destruktivem Aggressionsverhalten besteht, haben wir uns daran gewöhnt, den Krieg wie selbstverständlich als eine natürliche Folge aufgestauter aggressiver Affekte zu begreifen. Der Krieg sei also Ausdruck aufgestauter Aggressionen (die Frage, woher diese Aggressionen stammen, also das Problem angeborener Trieb- versus Aggressions-Frustrations-Theorie, wollen wir zunächst an dieser Stelle unberücksichtigt lassen).

Dies erscheint zwar auf den ersten Blick logisch und konsequent. Es entspricht jedoch nicht den historischen und psychologischen Realitäten. In Wirklichkeit verhält es sich oft umgekehrt: Nicht der Krieg ist die Folge einer primären Aggression, sondern die Aggression ist das *Instrument* des Krieges. So resultiert oft die kriegerische Destruktivität nicht direkt aus einem spontanen aggressiven Affekt. Im Gegenteil! Soldaten und Völker müssen vorab erst in aggressive Stimmung gebracht werden, damit Kriege überhaupt durchgeführt werden können (vgl. dazu etwa den späten Eintritt der USA in den letzten Weltkrieg). Des weiteren müssen die tiefsitzenden Tötungshemmungen und die biologisch vorgegebenen Tendenzen zur Bandstiftung vorab systematisch abgebaut und blockiert werden. Eibl-Eibesfeld (1984a, S. 273) erinnert daran, daß die Heeresführung beim Stellungskrieg an der Westfront im Ersten Weltkrieg eine aufgetretene Kommunikation zwischen den Kombattanten regelrecht unterbinden mußte – die Soldaten hatten damit begonnen, über die Schützengräben hinweg Zigaretten auszutauschen. Solche und ähnliche »Nichtangriffsregelungen« führten zu dem, was man die »Demoralisierung der Truppe« nannte.

Aber auch dort, wo die emotionellen Kräfte und die Aggressivität im Volk und im Heer, in der größeren und in der kleineren Soldatengruppe direkt und spontan zu der kriegerischen destruktiven Handlung führen, handelt es sich entweder um einfühlbare und berechtigte Empörung und Zorn aus normalpsychologisch verständlicher Frustrations-Aggression (wie bei vielen Verteidigungs- und Befreiungskriegen) oder um Aggression im Dienste von pathologischen, projektiven Externalisierungsprozessen im Dienste der Pseudolösung intrapsychischer Konflikte (siehe nächsten Absatz) und *nicht* um den Ausdruck eines primären destruktiven Triebes (vgl. Mentzos, 1987).

Die Gesichter von Fernsehinterviewten auf den Straßen von London und Buenos Aires in den ersten Tagen des Falkland-Krieges und die in ihnen sichtbare, fast freudige Erregung läßt nach meiner Meinung nicht auf Vorfreude in Anbetracht der Möglichkeit einer aggressiven Entladung, sondern auf ganz andere Gefühlsqualitäten und Erwartungen schließen. Es ging um die Erleichterung und Entspannung durch die Konkretisierung eines Feindes »da draußen« und nicht mehr »hier drinnen«. Diese plötzlich entstandene Möglichkeit zu Externalisierung von individuellen und intragruppalen Konflikten wurde offenbar von einer rapiden Minderung der intrapsychischen Spannung begleitet und versprach eine Aufhebung von Bedrücktheit, Resignation und Sinnlosigkeitsgefühl. Damit sind wir aber auf die Thematik und Problematik der psychosozialen »Funktionen« des Krieges gestoßen, die uns im folgenden beschäftigen werden.

2. Die psychosozialen »Funktionen« des Krieges

(a) Es geht zunächst einmal wie auf einer fast normalpsychologischen Ebene um alle die Phantasien, Vorstellungen, Erlebnisse, Leitbilder etc., welche sich um den Krieg als ein gesellschaftlich legitimiertes und sogar gefordertes Verhalten drehen. Die Kriegsdichtung hat es mit wenigen Ausnahmen noch bis in dieses Jahrhundert hinein nicht gewagt, den Krieg und den Kriegsheld anders als positiv darzustellen. Unleugbar haben über lange Zeiten hinweg nicht nur die Kindheitserziehung, sondern auch spätere idealisierte Vorbilder sowie die gesamte primäre und sekundäre Sozialisierung der Völker mit dem Krieg und stärker noch mit den ihn tragenden Institutionen und Wertsystemen eine Verknüpfung erfahren. Das ist zumindest teilweise auch heute noch der Fall. Nicht etwa, daß *Selbst*entwicklung der Individuen ohne Krieg nicht möglich gewesen wäre – aber sie ist faktisch mit dem Krieg verbunden worden. Dies gilt insbesondere für die männliche Identitätsfindung in fast allen Gesellschaften. Die Verknüpfung wird dort besonders deutlich, wo der Krieg eindeutig Ritualcharakter hat, etwa bei sogenannten primitiven Völkern. Fornari (S. 44) hebt die Tatsache hervor, daß die Männer bestimmter primitiver Stämme sich nicht mehr als Männer fühlen, wenn sie der Möglichkeit zur Kriegsführung beraubt werden! In anderen Fällen werden sie darüber sogar depressiv! Fornari schildert einen konkreten Fall: Ein junger Mann aus einem primitiven Stamm hat in der Schlacht erstmals einen Feind getötet und läuft laut und triumphierend schreiend ins Dorf zurück mit den Worten: »Ich bin ein Mann, ich bin ein wirklicher Mann!«
Solche Funktionen des Krieges finden sich aber keineswegs nur bei den Primitiven. Es ist das große Verdienst von Shatan, mit konkretem empirischen Material aus der militärischen Ausbildung und Praxis der amerikanischen Armee gezeigt zu haben, daß ähnliche Zusammenhänge und Tendenzen auch in unseren hochzivilisierten Gesellschaften nachweisbar sind.
(b) Es geht des weiteren um die Kompensierung von strukturellen Mängeln und narzißtischen Defiziten des Selbst durch den Krieg und die ihn ermöglichenden Institutionen. Identitätskrisen und Identitätsdiffusion, Minderwertigkeitsgefühle und narzißtische Kränkungen, Hilflosigkeit, sogar Langeweile und Monoto-

nie werden durch Krieg »therapiert«. Ich kenne chronisch neurotisch gestörte Patienten, die mir im fortgeschrittenen Stadium ihrer Analyse beschämt anvertraut haben, der Krieg sei der einzige Abschnitt in ihrem Leben gewesen, in dem sie sich relativ ausgeglichen und wohl gefühlt hätten. Daß der Krieg bei vielen anderen Menschen zur Destabilisierung und psychischen Katastrophen geführt hat, hebt den Aussagewert solcher Geständnisse nicht auf.
Hunderttausende marschierten zu Beginn des Ersten Weltkrieges an die Front. Sie waren nicht etwa von der Aussicht darauf berauscht, ihre aufgestauten Aggressionstriebe nun befriedigen zu können, sondern ganz sicher aus anderen »narzißtischen« Gründen. Sie waren beflügelt durch die Erwartung von intensiven Erlebnissen, von Grenzsituationen und von der Aussicht, für hochgeschätzte idealisierte Objekte kämpfen, siegen oder sterben zu können! Auch soziale Ungerechtigkeiten und Klassenunterschiede werden im Krieg relativiert. Dieses und ähnliches gehört zu den »positiven« Aspekten des Krieges und stellt damit einen traurigen Kommentar zu unserer Zivilisation dar (so hat es Erich Fromm einmal formuliert, Bd. 7, S. 192). Es wird aus dem Gesagten aber auch deutlich, welche Rolle der Krieg für die Kompensierung von realen und insbesondere auch neurotischen Schwächen, Unzulänglichkeiten, Kränkungen, Defiziten der Menschen spielt und im Laufe von Jahrtausenden gespielt hat.
(c) Und jetzt komme ich zu einer dritten Gruppe von »Funktionen« des Krieges, die auch die wichtigste, ja die zentrale ist. Es geht um die Externalisierung des intrapsychischen Konfliktes. Alles, was bis jetzt dargestellt wurde, erscheint im Hinblick auf diese zentrale Funktion relativ peripher und akzidentell. Der Krieg bietet sich als ein Feld des Agierens regelrecht an, eines Agierens, mit dessen Hilfe abgespaltene Anteile tiefsitzender Ambivalenzen nach außen verlagert werden können. In diesem Sinne wird er etwa zum Zwecke einer pathologischen Verarbeitung von Trennung und Verlust (anstelle der Trauer) benutzt. Unter dem Begriff der militarisierten Trauerrituale faßt Shatan eine Reihe destruktiver, aggressiver Verhaltensmuster zusammen, welche die Funktion haben, Trennungs- und Verlustschmerz abzuwehren und eine echte Trauerarbeit zu ersetzen. Auch Rachezeremonielle haben ähnliche Funktionen. Anstelle von Tränen

wird Blut vergossen. Einige der militarisierten Trauerrituale werden sogar in der Grundausbildung der Rekruten eingeübt und programmäßig durchgeführt.

Sue Mansfield, die amerikanische Geschichtsprofessorin, zeigt in ihrem Buch *The Gestalts of War* die Bedeutung des Krieges als Rache im Sinne einer Reparation narzißtischer Wunden und der Wiederherstellung des narzißtischen Gleichgewichts von Individuen und Nationen – was nicht nur für Deutschland in den 20er und 30er Jahren, sondern auch für viele andere Fälle in der Geschichte der Menschheit Gültigkeit hat. Sie überprüft des weiteren die Hypothese, ob Krieg, und zwar durch die Identifikation mit dem Tod, der Überwindung der Todesangst diene (schon der Primitive läßt den Tod draußen und nicht innerhalb des Stammes zuschlagen; er tut dies sozusagen in eigener Regie!). Und sie belegt mit vielen Beispielen die »Funktionen« der Erlösung, der Sinn- und Identitätsfindung in der Identifikation mit den glor- und siegreichen Helden (oder der siegreichen Nation oder Religion etc.) oder in der Unterwerfung unter einen idealisierten Führer oder aber auch umgekehrt in der Identifikation mit dem Leidenden, der für andere stirbt und sich dadurch (also mit Hilfe der Sühne) vom Schuldgefühl befreit. Der Krieg als Purgatorium. Die Erlösung von einem bedrückenden, oft nicht richtig bewußten Schuldgefühl macht den zentralen Gedanken auch der psychohistorischen Studien von Lloyd de Mause aus.

Unabhängig von meinen kritischen Vorbehalten zur Definition, Entstehung und zum Inhalt des Schuldgefühls sowohl in der Kulturtheorie Freuds (siehe Kap. VI) als auch im Werk von de Mause besteht wohl wenig Zweifel daran, daß es dem letzteren gut gelungen ist, in seinem *Reagan's America* (mit dem Untertitel: Phantasiekriege!) empirisches Material zusammenzustellen, welches die durch Schuldgefühl bedingte Zerstorung und Selbstzerstörung, die Opferung, die Externalisierung sowie die projektive Identifikation mit dem Führer illustriert. Er versucht nachzuweisen, daß in der Politik wie in unserem privaten Leben die Umstände, die wir am meisten beklagen, oft diejenigen sind, welche wir uns unbewußt wünschen. De Mause versucht zu zeigen, daß Nationen nicht anders als Individuen ihre Gewalttaten phantasieren, bevor sie sie in der äußeren Realität ausagieren; und daß diese in uns ablaufenden »fantasy wars« in periodischen Abständen umzuschlagen drohen in wirkliche Kriege, und zwar in Verbindung mit den Ereignissen der großen Politik gegen einen wirklichen äußeren Feind (de Mause, 1984, S. 7).

Man kann freilich bei weitem nicht alle Deutungen von de Mause glaubhaft finden. Dies sowie das Fehlen eines adäquaten Konzeptes über die Art der *Koppelung* dieser intrapsychischen mit den realen, sozioökonomischen Konflikten und Interessen sollte jedoch nicht dazu führen, daß die zu einem guten Teil fundierten Aussagen des Buches überhört werden.

Ein Gegenstück zu *Reagan's America* von de Mause stellt das Buch von Pilgrim über die »Muttersöhne« dar. Gelingt es de Mause zu schildern, wie ein in einer Nation ständig steigendes, halbbewußtes oder unbewußtes Schuldgefühl zu einer unerträglichen intrapsychischen und intragruppalen Spannung führt, die durch Externalisierung und Delegation (der »Führer« solle das erforderliche Opfer vollstrecken) gelindert und abgebaut wird, so versucht Pilgrim umgekehrt zu zeigen, auf welchen Wegen die *Pathologie der Führer* zum gewalttätigen destruktiven Verhalten führt: Der lebenslange, verzweifelte Kampf um die Überwindung einer nicht akzeptablen weiblichen Identifikation veranlasse diese von Pilgrim *Muttersöhne* genannten Männer dazu, durch ein angeblich männliches, gewaltvolles, sadistisches Verhalten das Unmögliche möglich zu machen, nämlich sich als männlich zu erweisen. Man mag zwar an der Richtigkeit dieser zentralen Hypothese von Pilgrim und noch viel mehr an vielen seiner Anwendungen der Hypothese erheblich zweifeln – ein wahrer Kern bleibt. Das Verhalten mächtiger, sadistischer und gewalttätiger Führer vermittelt tatsächlich den Eindruck von eindeutiger und reaktiver Überkompensation und geht ohne Zweifel in Wirklichkeit aus Schwäche hervor.

Schon hier zeichnet sich die Grundstruktur des ersten großen psychosozialen Arrangements, das heißt desjenigen zwischen dem neurotischen Potential der vielen und der Psychopathologie (und nicht nur der Eigennützlichkeit) des Führers, zwischen dem Volk und den Regierenden ab. Diese Thematik wird uns noch einmal beschäftigen. Ich möchte jedoch diesen Absatz nicht abschließen, bevor ich noch zwei weitere Autoren kurz erwähne. Erstens geht es um den kürzlich verstorbenen italienischen Psychoanalytiker Fornari, der schon vor längerer Zeit in seinem ausgezeichneten Buch über die »Psychoanalyse des Krieges« ebenfalls die Bedeutung des Krieges für die Überwindung des grundsätzlichen Ambivalenzkonfliktes und des Schuldgefühls gesehen und beschrieben hat. Auch hier sollte man sich nicht durch die Tatsache beirren lassen, daß Fornari offensichtlich ein eindeutiger Anhänger der Todestriebtheorie war. Ich habe an anderer Stelle nachzuweisen versucht, daß wir heute in der Lage sind, ohne die Todestriebannahme auszukommen. Im übrigen aber scheint mir die im Buch von Fornari vertretene Hypothese (der Krieg übernehme die »Funktion« der Entlastung vom Grundschuldgefühl innerhalb des depressiven Ambivalenzkonfliktes) gut begründet.

Schließlich hat Volkan an einem konkreten Beispiel, dem Zypern-Konflikt, mehrere der hier schon diskutierten Aspekte zum Greifen nahe dargestellt. Seine »psychoanalytische Geschichte zweier ethnischer Gruppen im Konflikt« ist ein gutes Beispiel angewandter Psychoanalyse im sozialen Feld. Unter anderem zeigt er, wie Feindschaft sich als Abwehr und Schutzmechanismus im Dienste der Selbstidentität entwickeln kann, und zwar gerade auch dort, wo die verfeindeten Gruppen sich sehr ähnlich sind. Seine Feststellungen bestätigen übrigens das Freudsche Konzept des Narzißmus der kleinen Differenzen.

Ich kann bei dieser kurzen Aufzählung hier nicht auf weitere Aspekte der psychosozialen Funktionen des Krieges eingehen, so etwa auch nicht auf den Krieg als Abenteuer (besonders in früheren Zeiten war oft der Krieg die einzige Möglichkeit für junge Männer, »etwas anderes« zu erleben!). Ich gehe des weiteren nicht auf die Bedeutung des Krieges als einer Grenzerfahrung und schließlich auch nicht auf die ästhetischen Aspekte (man denke nur an Ernst Jünger und sein Buch *Stahlgewitter*!) ein.

3. Die Verzahnung zwischen der sozioökonomischen und der psychosozialen Dimension

Die Beiträge der referierten Autoren sowie die von mir bis jetzt geschilderten beschäftigen sich eigentlich vorwiegend mit der *intrapsychischen* Psychodynamik und meistens auch nur mit dem einzelnen, mit dem Individuum. Der Krieg ist aber ein kollektives, ein soziales Phänomen. Mir scheint, daß unsere Modelle eine große Lücke in diesem medialen Bereich zwischen den beiden Dimensionen hinterlassen. Sie beschreiben und erfassen noch nicht genügend den Zusammenhang zwischen dem intrapsychischen und dem äußeren Konflikt.

Im griechisch-türkischen Konflikt etwa mögen alle möglichen psychosozialen Funktionen involviert sein, und trotzdem geht es gleichzeitig auch erstens um Ölvorkommen in der Ägäis und zweitens um die Frage der Aufrechterhaltung der Staatssouveränität.

Oder: Die narzißtischen Aspekte des amerikanisch-russischen Konfliktes sind wohl ziemlich deutlich, und trotzdem geht es gleichzeitig um ökonomische Interessen, um Profite, um Märkte, um Machtpolitik und hier sogar noch mehr um die Frage der Souveränität.

Wie stehen aber diese beiden Dimensionen zueinander?

Ich stelle die Hypothese auf, daß die Mitwirkung der beiden Faktorengruppen keine einfach additive ist; es besteht vielmehr ein organisch-struktureller und deswegen auch um so bedeutsamerer Zusammenhang. Konkret formuliert, impliziert diese Hypothese zwei Annahmen:

Erstens geht es darum, daß der intrapsychische Konflikt, der aus Gründen der Angstabwehr *unbewußt* gehalten wird, sich an die bewußten, realen, objektiven Interessenkonflikte anlehnt, das heißt sich dieser letzteren bedient, um *externalisiert* zu werden.

Zweitens, die Träger dieser realen Interessen und die mit ihnen zusammenhängenden Institutionen bedienen sich ihrerseits dieses »Externalisierungsbedürfnisses«, um ihre eigennützlichen Ziele zu erreichen. Das heißt, es kommt zur Bildung eines psychosozialen Arrangements, das auch eine Kollusion (im Sinne des in diesem Buch Dargestellten) genannt werden kann.

Ich will dies im folgenden an einem konkreten Beispiel, nämlich dem Falkland-Krieg, illustrieren. Dabei versuche ich mich an die mir bekannt gewordenen Tatsachen zu halten. Ob diese kurze Skizze auch den Anspruch auf objektive historische Wahrheit (wenn es so etwas überhaupt gibt!) erheben kann, vermag ich nicht zu behaupten. Dies ist aber auch nicht notwendig, weil es sich nur um den Versuch einer Illustration des Modells handelt.

»Am 2. April 1982 besetzten die Argentinier die Falkland-Inseln, die sie ›Islas Malvinas‹ nennen. Sie mißachten den britischen Besitztitel auf diese Insel und den erklärten Willen der Bevölkerung. Die Briten lassen sich diese Verletzung ihrer Hoheitsrechte nicht gefallen und rüsten eine Einsatzflotte aus. Die diplomatischen Bemühungen um eine Einigung, die mit der Flotte unterstützt werden soll, werden am Ende durch sie überflüssig gemacht, die Briten erobern die Falkland-Inseln zurück. Am 14. Juni 1982 verkündet ihr Oberbefehlshaber General Jeremy Moore: ›Die Inseln sind nun einmal unter der Herrschaft, die ihre Bewohner wünschen. Gott schütze die Königin‹« (Gleim, in: Tinker, 1984, S. 204).

Welches waren die eigentlichen realpolitischen Gründe für diesen Krieg? Direkte, unmittelbare wirtschaftliche Interessen waren es bestimmt nicht. Von Erdöl und ähnlichem war nur in den ersten Tagen des Krieges und vorwiegend nur in der Boulevardpresse die Rede. Später glaubte kaum jemand noch ernsthaft daran, daß England es nötig habe, durch Militärpräsenz seine Beteiligung an einem angeblichen oder tatsächlichen Erdölgeseschäft zu sichern. Am 7.4.1982 stand es in der *Neuen Zürcher Zeitung*: »An den Falkland-Inseln hat London weder ein militärisches noch ein wirtschaftliches Interesse« (zit. nach Theo Ebel, 1982, S. 10).

Daß hier Menschenrechte, also der Wille der Einwohner der Insel, verteidigt werden sollten, erscheint ebenfalls wenig wahrscheinlich. Denn die britische Staatsbürgerschaft hatte man den Falkländern einige Zeit vorher aberkannt. »Daß Souveränität – bei anderer Interessenlage – auch über die Köpfe der Betroffenen hinweg verkauft werden kann, bewies das Beispiel der englischen Kolonie Diego Garcia. Diese Insel im Indischen Ozean, auf der so viele Einwohner lebten wie auf den Falklands, hatte man, gegen den Willen ihrer Bewohner, als militärischen Stützpunkt an die Amerikaner verkauft. Die (allerdings farbigen) Bewohner wurden zwangsweise nach Mauritius ›umgesiedelt‹« (Gleim, a.a.O., S. 206).

Und wie sah es bei den Argentiniern aus? Lagen ihrerseits irgendwelche ökonomischen Interessen vor?

»Von einem ökonomischen Nutzen der Falkland-Inseln oder auch der des anliegenden Antarktisviertels für Argentiniens

Volkswirtschaft kann noch viel weniger die Rede sein als im Falle Großbritanniens und seiner Souveränität über die Malvinas. Im Gegenteil: Nach Auskunft britischer Banken, die über Cash flow und Schuldendienste Argentiniens allemal noch besser Bescheid wissen als die zuständigen Militärs und Minister in Buenos Aires, geht bereits für die Besetzung und Befestigung der Inseln die letzte halbe Milliarde Dollar an Devisenbeständen der argentinischen Nationalbank drauf« (Ebel, a.a.O., S. 19).

Allenfalls geopolitische Gesichtspunkte und Vorteile dem Konkurrenten Chile gegenüber könnten im Falle Argentiniens ein realpolitisches Interesse dargestellt haben.

Insgesamt meine ich aber, daß Theo Ebel recht hat, wenn er meint, daß es für beide Nationen nicht um unmittelbare ökonomische, strategische oder sonstige Vorteile, sondern vielmehr um die Stärkung und Bestätigung der Staatssouveränität und um den absoluten Anspruch dieser Souveränität ging. Es ging also zwar um Prinzipien, aber nicht um solche der Menschenrechte, sondern um solche einer bestimmten internationalen »Weltordnung«.

Reicht aber dies alles, um einen blutigen Krieg zu riskieren und durchzuführen?

Mit einer solchen Frage konfrontiert, neigen nun nicht nur viele Militärexperten, sondern auch Politiker dazu, die Diskussion auf eine Auseinandersetzung über die richtige oder falsche »Taktik« einzuschränken.

So meint Simon Jenkins (1987), daß der Falkland-Krieg ein unnötiger Krieg gewesen sei (ich frage mich, wie sieht ein nötiger Krieg aus!), der aus *Fehleinschätzungen* der britischen Regierung resultierte. Der Falkland-Krieg entstand aus einem Fehlschlag der Abschreckungspolitik, auf einen einfacheren Nenner gebracht: Die Engländer hätten nicht rechtzeitig und nicht eindeutig genug den Argentiniern signalisiert, daß sie entschlossen waren, sich einer gewaltsamen Besetzung der Inseln entschieden zu widersetzen. Dies ist die zentrale Idee auch im Buch des »The Sunday Time Insight Team« (also P. Eddy u. a., 1984). Dieter Farwick stellt im letzten Kapitel der deutschen Ausgabe des Buches die Frage, ob der Falkland-Krieg ein Lehrbeispiel für Europa sei, und antwortet: »Der Preis für eine ausreichende Abschreckung zur Kriegsverhinderung ist niedriger als der Preis für deren Versagen« (S. 366). Und: »Wenn die politische Führung des Warschauer

Paktes in ihrer Perzeption westlicher Absichten und Fähigkeiten das Beispiel, welches das britische Volk und seine Soldaten gesetzt haben, auf die Nato insgesamt überträgt, hat Großbritannien für unsere Abschreckungspolitik einen großen Dienst geleistet« (S. 359)!

Es mag sein, daß diese Feststellungen eine gewisse Bedeutung für das Verständnis des *Anlasses* zum Ausbruch eines Krieges haben mögen. Mit einer ernsthaften Ursachenforschung der Kriegsdynamik haben sie wenig zu tun. Genügen »Mißverständnisse« zwischen Regierungen, um einen Krieg entstehen zu lassen?

Gewiß nicht, es sei denn, man deutet diese »Mißverständnisse« als Fehlleistungen im Sinne Sigmund Freuds und versteht sie als Indizien einer dahinterstehenden halbbewußten oder unbewußten Dynamik. Damit sind wir aber erneut auf die Berücksichtigung der psychosozialen Dimension des Krieges angewiesen, die uns im folgenden beschäftigen soll.

Psychosoziale Aspekte

Als dieser Krieg 1982 ausbrach, glaubten viele Beobachter, daß Margret Thatcher ihn brauche, um an der Regierung zu bleiben. Dies erschien auch mir zunächst als wahrscheinlich. Es dauerte eine gewisse Zeit, bis ich begriff, daß diese Betrachtung doch oberflächlich und auf jeden Fall recht einseitig sei. Beim Umdenken halfen mir insbesondere die Beobachtungen der britischen Szene, welche aus nächster und indirekter Erfahrung wiedergaben, daß nicht nur die Premierministerin, sondern auch das Volk selbst sich plötzlich für diesen Krieg begeisterte. So berichtete mir etwa ein britischer Austauschstudent, der damals an unseren Konferenzen teilnahm, daß für ihn und seinen Bekanntenkreis kein Zweifel daran bestand: Die Regierung Thatcher wäre gestürzt, wenn sie den Krieg nicht geführt hätte.

»Die Welt sieht gespannt auf England«, schrieb der Kolumnist Patrick Buchanan, »und die Welt wird schlechter dran sein, wenn die Englander den Kampf nicht aufnehmen ... Maggie Thatcher muß begreifen, daß England diese Demütigung nicht hinnehmen kann, sonst ist es am Ende« (Zitat nach de Mause, 1984, S. 135).

Man muß freilich differenzieren. Peter Jenkins, ein liberaler Kritiker des Falkland-Krieges, schrieb: »Die Nation war gespalten:

zwischen der bildungsbewußten Mittelschicht und der patriotischen Arbeiterklasse. Ich habe wenig Freunde und Bekannte getroffen, die den Krieg unterstützten oder ihrerseits Leute kannten, die das taten. Wahlhelfer, die während der Lokalwahlen im Mai von Tür zu Tür gingen, fanden andererseits wenige Arbeiterhaushalte, die dagegen waren« (bei Tinker, 1984, S. 208).
Wohlgemerkt, ich unterschätze nicht den Einfluß der Propaganda, mit deren Hilfe gerade auch Menschen mit geringerer Bildung aufgehetzt werden. Ich frage mich nur, ob dies in diesem Ausmaß möglich wäre (und generell möglich ist), wenn das erwähnte neurotische Potential nicht vorliegt.
Als ich meine ursprüngliche Deutung der Situation unter dem Eindruck solcher und ähnlicher Informationen korrigieren konnte, gelang es mir auch besser, die fast freudige Erregung in den Gesichtern der Fernsehinterviewten auf den Straßen in England zu verstehen. Und das war nicht nur in England so. »Manche von uns«, schreibt de Mause als Amerikaner, »segelten mit der britischen Flotte südwärts. Wir hatten schon zu lange dasitzen und den ganzen ›Krieg der Sterne‹-Film ansehen müssen. Warum konnten wir nicht auch wie die Engländer?«
Dazu eine Parallele: »Als die iranischen Militanten in Teheran unsere Botschaft besetzten und unsere Mitbürger als Geißeln nahmen ... hätten wir dann nicht antworten können, wie die Premierministerin Margret Thatcher geantwortet hat, mit einer Armada und einer Invasion?« schrieb Kolumnist James Kilpatrick, dem Präsidenten eine Botschaft übermittelnd (ebd., S. 136).
Eine Analyse einiger der psychosozialen Aspekte des Falkland-Krieges auf dieser Linie könnte also etwa so aussehen:
Da ist zunächst das englische Volk und seine Premierministerin Thatcher. Im Volk steigt seit längerer Zeit eine innere Spannung, eine Unzufriedenheit, eine Wut auf. Woher diese allmählich unerträglich werdenden Gefühle kommen, ist freilich schwer zu sagen. De Mause meint zwar, daß das »ungute Gefühl«, was dann in Wut umschlug, ein Schuldgefühl wegen des wirtschaftlichen Aufschwungs 1981 sei (angefeuert von steigenden Gewinnen aus dem Nordseeöl und der wirtschaftlichen Produktivität einer unternehmungslustigen neuen Psychoklasse-waren nämlich die Indexziffern der britischen Wirtschaft im Sommer 1981 nach oben geklettert).

Diese Sichtweise erscheint mir aber zumindest einseitig. Wir haben im Kapitel VI gesehen, daß man bei der Analyse der inadäquaten Lösungen des Grundkonfliktes und seiner sekundären Folgen nicht nur das Schuldgefühl, sondern auch das Schamgefühl, das Minderwertigkeitsgefühl, die narzißtische Kränkung und Insuffizienz und Verunsicherung im Auge behalten sollte. In diesem Zusammenhang erscheint es mir deswegen treffender, dieses ungute Gefühl, die »Spannung der Nation«, insgesamt aus einer Mischung von Schuldgefühlen (bei denen, welche zuviel gewinnen und genießen) und Scham, Neid, Minderwertigkeitsgefühl, Kränkung (bei jenen, welche zu kurz kommen) zu verstehen. Möglich, daß Scham, Neid, Minderwertigkeitsgefühle und Kränkung auch bei der Nation im ganzen seit längerer Zeit eine Rolle spielten und mit dem nationalen Macht- und Prestigeverfall nach dem Zweiten Weltkrieg zu erklären sind.

Die Frage, woher die unerträglichen Gefühle kommen, könnte aber zunächst auch offengelassen werden, denn auch unabhängig von ihrer Beantwortung kann man die zweite Hypothese so formulieren:

Die, so oder so, entstandene und diese oder jene Ingredienzien enthaltende »Spannung« wird weiter nach oben, an den Führer (die Führerin) weitergegeben, die Spannung wird an ihn (sie) delegiert. Er (sie) wird damit beauftragt, erstens einen äußeren »Feind« zu konstruieren, auf den die narzißtische Wut abgeleitet werden kann, und zweitens Opfer aus der eigenen Gruppe zur Verfügung zu stellen, die stellvertretend für den Ausgleich des Schuldgefühls sich zu opfern haben. Das erste entspricht mehr meinem Schwerpunkt bei der Analyse der Kriegsdynamik, das zweite mehr der Auffassung von de Mause.

Die Premierministerin hätte nun diesen Auftrag annehmen oder auch zurückweisen können. Die Versuchung, ihn anzunehmen, war aber sehr groß, weil sie dadurch enorme Vorteile auf der bewußten wie unbewußten Ebene hatte. Ich will die letzteren, also die unbewußten Vorteile hier vernachlässigen, obwohl ich weiß, daß etwa Pilgrim das martialische Vorgehen der »eisernen« Premierministerin im Sinne einer massiven Verstärkung der männlichen Identifikation deuten würde. Aber schon auf der bewußten Ebene waren die zu erwartenden »Gewinne« erheblich, und tatsächlich stieg die Beliebtheit von Frau Thatcher im und nach dem Krieg steil an. Ihre Wiederwahl war so gut wie gesi-

chert. Eine Schicht tiefer lag ein weiterer, ebenfalls realpolitischer »Gewinn«: Durch das eiserne (mit Hilfe moralischer und patriotischer Parolen verdeckte) Durchsetzen des Prinzips »Souveräner Staat, notfalls auch mit Gewalt, Blut und Krieg« bewies die Premierministerin Konformität und Loyalität zu einem bestimmten politisch-ökonomischen System und seinen Grundprinzipien und erhielt dadurch auch die entsprechende Anerkennung.
Man sieht: Sowohl Margret Thatcher (stellvertretend für die Regierenden) als auch die Nation (oder ein großer Teil der Nation) haben (bewußte und unbewußte) »Vorteile« aus diesem Krieg gewonnen. Die sich gegenseitig bedienenden unausgesprochenen Interessen stellen die unbewußte Kollusion dar.
Die Situation auf der anderen, der argentinischen, Seite war ähnlich, wenn auch wahrscheinlich nicht identisch: Die Initiative ging hier eindeutiger von den Generälen aus. »Der Entschluß, die Malvinen, falls notwendig mit Gewalt, zurückzuerobern, war insgeheim im Dezember 1981 von Präsident Leopoldo Galtieri und einem Marinebefehlshaber, Admiral Jorge Anaya, gefaßt worden ... Die psychologische Vorbereitung des argentinischen Volkes auf den Angriff hatte im Dezember 1981 begonnen. Damals machte Costa Mendez einen kleinen Kreis älterer Journalisten mit den Absichten der Regierung vertraut« (Paul Eddy u. a., 1984, S. 45).
»Für Galtieri und Anaya hatte die Eroberung der Malvinen ihren Sinn in sich: Dem Präsidenten sollte sie Ruhm, Anaya die Befriedigung seiner strategischen Träume bringen« (a.a.O., S. 49). Ich kann hier nicht näher auf die bewußten und unbewußten Motivationen der Generäle eingehen. Tatsache ist, daß sie offensichtlich keine großen Schwierigkeiten hatten, das Volk für diesen Krieg zu begeistern. Costa Mendez (der Außenminister), der zunächst das Ganze als ein diplomatisches Schachspiel betrachtete, mußte erkennen, daß er sich geirrt hatte, und zwar »an einem warmen April-Tag im Jahre 1982, als er zusah, wie sein Präsident vom Balkon der Casa Rosada aus eine ekstatische Menge auf dem Platz vor dem Gebäude mit den Worten in Begeisterungsstürme versetzte, die Stunde ihres Triumphes sei gekommen« (a.a.O., S. 49).
Die Kollusion zwischen den machtpolitischen und persönlichen Ambitionen und Motivationen der Generäle einerseits und den psychischen Nöten und Kompensationsbedürfnissen des (gerade

durch diese Generäle unterdrückten) Volkes war perfekt. »So wie die zu den Falklands losgeschickte britische Streitmacht durch das Jubelgeschrei des Parlaments [›Taten, nicht Worte‹] begleitet wurde, so gab es auch auf der Plaza de Mayo diesmal Freudentränen« (de Mause, a.a.O., S. 134).

An dieser Stelle könnte ich mit der Darstellung mehrerer anderer möglichen Kollusionen zu Beginn und während eines Krieges fortfahren. Ihre Anzahl entspricht zumindest der Anzahl der Beziehungen, welche die einzelnen Kriegsteilnehmer eingehen: also die Beziehung zum Kameraden, zu der eigenen kleineren und zu der größeren Gruppe, und schließlich zu den jeweils Darüberstehenden bis zum »Führer«. Ich beschränke mich darauf, nur eine wichtige Kollusion kurz zu benennen, diejenige zwischen den beiden Völkern, zwischen den beiden Nationen. Diese Kollusion ist in ihrer Struktur einfacher, sie entspricht dem im Krieg üblichen Szenarium, wonach der eine den anderen als »Feind« stilisiert, sich entsprechend aggressiv verhält und dadurch, also daß er tatsächlich feindlich wird, der ursprünglichen, nur phantasierten, zu einer Realexternalisierung verhilft.

Eine differenzierte Darstellung weiterer möglicher und tatsächlich vorkommender Kollusionen bleibt aber einer anderen Studie vorbehalten. Dasselbe gilt auch für die Thematik der Psychopathologie der Kriegsmacher (Kriegsnarzißten und Kriegsprofiteure), die ebenfalls hier nur genannt werden.

Schlußbemerkung

Die hier skizzenhaft dargestellten »Funktionen« des Krieges sowie die in ihnen implizierten psychosozialen Arrangements (bzw. Kollusionen) sind insbesondere im Vorfeld und zu Beginn eines Krieges besonders relevant. Ist einmal die Kriegsmaschinerie in Gang gesetzt worden, so übernimmt zunehmend eine eigene Dynamik und Gesetzmäßigkeit die Führung, so daß schließlich, besonders bei »chronifizierten« Kriegen, kaum mehr etwas von narzißtisch erhebender Begeisterung oder einer von Spannungen befreienden Aktivität zu spüren ist. Jeder denkt mehr daran, wie er das Massaker, die schrecklichen Entbehrungen und das elende Einschränken seiner Lebensmöglichkeiten einigermaßen übersteht. Ein Krieg läßt sich aber leichter beginnen als beenden, und

so zieht sich oft das schreckliche Leiden von Tausenden und Millionen in die Länge.
Unsere Analyse, die die Bedeutung psychosozialer Faktoren im Vorfeld und zu Beginn des Krieges erläutern sollte, versucht zu erklären, wieso es überhaupt möglich ist, daß dieses schreckliche Leiden der fortgeschrittenen Stadien und der Abschlußphase der Kriege so schnell vergessen wird, daß einige Jahre später neue Kriege möglich werden. Zwar nimmt die große Mehrheit der Menschen die Schrecken des Krieges nicht bewußt und insbesondere auch nicht freiwillig hin. Zum großen Teil wird man dazu verführt oder gezwungen. Dennoch hoffe ich gezeigt zu haben, daß Kriege nicht nur aufgrund realpolitischer Interessenkonflikte und nicht nur durch Entscheidungen der Regierenden entstehen; sie werden maßgebend auch durch zumeist unbewußte, neurotische psychosoziale Arrangements vorbereitet und gefördert. Zumindest ist es anzunehmen, daß solche psychosozialen Konstellationen den natürlichen Widerstand gegen Krieg und seine Schrecklichkeiten abschwächen und somit den Kriegsmachern es erleichtern, kriegerische Auseinandersetzungen in Gang zu setzen.

Anmerkungen

1 Dies gilt freilich mit gewissen Einschränkungen. So bemängelt z. B. Moser (1973), daß, vom Standpunkt der Theoriebildung aus betrachtet, die Abwehrmechanismen sich als heterogene Ansammlung von Konzepten verschiedener Abstraktionsgrade erweisen und daß bei den weiteren Schritten einer Theoriebildung, nämlich der Operationalisierung der Konzepte einerseits und der Formalisierung andererseits, große Schwierigkeiten auftauchen.
Auf der anderen Seite aber kann meines Erachtens nicht angezweifelt werden, daß die Abwehrmechanismen als hypothetische Konstrukte in der Praxis sich besser als andere Konzepte bewährt haben. Auf jeden Fall ermöglichen sie eine schnellere und eindeutigere Kommunikation zwischen Psychoanalytikern, als dies bei anderen psychoanalytischen hypothetischen Konstrukten der Fall ist.

2 Der Terminus ist hier nicht im Sinne des ursprünglichen von Freud eingeführten Begriffs der psychischen Repräsentanz (nämlich als Bezeichnung des psychischen Ausdrucks somatischer Erregungen) gemeint. Vielmehr versteht man heute darunter seelische Strukturen (dauerhafte seelische Formationen), die aufgrund von Erfahrungen mit Außenfiguren zustande kommen und sie gleichsam innerpsychisch repräsentieren. Damit werden nicht nur Vorstellungen dieser Außenfiguren gemeint, sondern darüber hinaus die damit zusammenhängenden emotionalen und Reaktionsbereitschaften. Diese Bedeutung des Terminus wird z. B. deutlich in dem folgenden kurzen Zitat aus einem Beitrag von Beckmann, Müller-Braunschweig und Plaum: »So würde etwa das Kontaktangebot eines gegengeschlechtlichen Partners oder das Auftreten einer Autoritätsfigur zunächst auf vorhandene innerpsychische Repräsentanzen treffen, die sich aus früheren entsprechenden Erlebnissen mit Außenfiguren bildeten. Der Neurotiker wird von diesen symbolischen Repräsentanzen in weitgehender und rigider Weise bestimmt und hat nur eingeschränkte Möglichkeiten der Verhaltensmodifikation, in denen er von diesen alten Erfahrungen absehen kann und sich auf neue Realitäten einstellt« (1974, S. 181).

3 Diese Unterscheidung zwischen Triebbedürfnissen, Triebbefriedigung, Triebentwicklung, Triebkonflikten einerseits und narzißtischen Strebungen, narzißtischer Entwicklung, narzißtischen Störungen andererseits entspricht einem relativ neuen Trend in der Psychoanalyse, der zwar im wesentlichen auf Freud und seine Einführung des Narzißmuskonzepts zurückgeht (1914), der jedoch in den letzten zwanzig Jahren sich ziemlich radikal weiterentwickelt hat. Keineswegs alle Analytiker sind mit dem Konzept einer unabhängigen narzißtischen Entwicklung

(Kohut) einverstanden; dennoch spielen Teile der mit dieser Diskussion zusammenhängenden Auffassungen sowie die in ihnen zusammengefaßten Beobachtungen in der psychoanalytischen Praxis, zumal bei der Behandlung der sogenannten narzißtischen Störungen, bereits eine große Rolle.

Die Dichotomisierung der psychischen Entwicklung greift auf jeden Fall ziemlich tief ein, wenn sie auch bei verschiedenen Autoren in verschiedenen Termini und in unterschiedlichen Konzeptualisierungen zum Ausdruck kommt. So unterscheidet Sandler (1967, S. 138) zwischen dem Streben nach Triebbefriedigung (wie in der Hungersättigung im Säuglingsalter und später beim Orgasmus des Erwachsenen) einerseits und dem Streben nach Sicherheit und Wohlbefinden andererseits. Sowohl Sandler als auch Kohut (1973 a, S. 516) kritisieren mit überzeugenden Argumenten gewisse Aspekte der klassischen Theorie des Narzißmus, wonach »die Beziehung zwischen Narzißmus und Objektliebe so vorzustellen sei, daß sie dem Bild des Flüssigkeitsspiegels in der U-förmig gebogenen Röhre entspricht. Wenn der Flüssigkeitsspiegel auf der einen Seite steigt, sinkt er auf der anderen. Es gibt keine Liebe, wo Zahnschmerzen sind; es gibt keine Schmerzen, wo leidenschaftliche Liebe ist. Solche Denkmodelle sollten jedoch ersetzt werden, wenn sie den Beobachtungsergebnissen nicht mehr entsprechen. Das erhöhte Selbstgefühl z. B., das die Objektliebe begleitet, demonstriert eine Beziehung zwischen den beiden Formen libidinöser Besetzung, die nicht dem Bild der Oszillationen in einem U-Röhrensystem entspricht.«

Die Bezeichnung »narzißtische Homöostase« meint die Selbstregulation des Narzißmus, d. h. die Aufrechterhaltung eines Gleichgewichts, eines genügenden »narzißtischen Tonus« (Kohut). Gerade in bezug auf diese Gefühle der inneren Sicherheit, des Wohlbehagens, des Selbstwertgefühls, ist »dieses affektive Gleichgewicht wohl zu unterscheiden von der Entspannung nach Triebabfuhr. Die Regulation des Selbstgefühls stellt die Psyche vor eine nicht minder wichtige und schwierige Aufgabe als die der Triebregulation. Es erweist sich als klärend und fruchtbar, wenn man sich in konkreten Konfliktsituationen, z. B. in suizidalen Krisen, sorgfältig klarmacht, um welche Art von Konflikt es primär geht: um einen Triebkonflikt (z. B. die Bewältigung überstark erlebter Aggression) oder um einen narzißtischen Konflikt (z. B. die Bewältigung einer unerträglichen Kränkung)« (Heinz Henseler, 1974).

4 Entsprechend der Unterscheidung zwischen der Triebentwicklung und einer davon z. T. unabhängigen Entwicklung des Narzißmus (siehe Anmerkung 3) differenziert man auch, im pathologischen Fall, zwischen psychoneurotischen und narzißtischen Störungen. Der sprachlich sicher nicht einwandfreie und mißverständliche Terminus »Strukturkonflikte« bezieht sich auf die narzißtischen Störungen: Während man bei

den psychoneurotischen Störungen einen Konflikt zwischen Triebimpulsen einerseits und Ich-Interessen (oder Über-Ich-Bestrebungen) andererseits annimmt, handelt es sich bei einem Strukturkonflikt um einen Konflikt innerhalb von Ich-Strukturen. Genauer ausgedrückt: Es geht hier um fehlende Integration der sonst im Laufe der Entwicklung sich integrierenden Anteile. Gegensätzliches, z. B. etwa das Bild einer absolut bösen, einer absolut guten, einer absolut schwachen und einer absolut starken Elternfigur, bleibt auch im internalisierten Zustand getrennt. Im Unterschied zur normalen Entwicklung unterbleibt hier die allmähliche Korrektur dieser gegensätzlichen Positionen, und die Angleichung an die Realität kommt nicht zustande. Solche Prozesse haben Kernberg (1967) und andere Autoren als den pathologischen Mechanismus des »Splitting« ausführlich beschrieben und in ihren schwerwiegenden Konsequenzen für das intrapsychische Gleichgewicht und die Art der zwischenmenschlichen Beziehungen der Betroffenen ausführlich studiert. Dieses Persistieren gegensätzlicher, unreifer, primitiver Selbst- und Weltkonzepte ist ein typisches Beispiel für einen Strukturkonflikt. Solche ziemlich früh wirksam werdende und anhaltend die Entwicklung negativ beeinflussende Strukturkonflikte führen schließlich auch dazu, daß bestimmte Ich-Funktionen, bestimmte psychosoziale Modi, schließlich auch die Selbstintegrität und Kontinuität labil und mangelhaft bleiben, so daß man auch auf die Dauer von »Ich-Defekten« sprechen kann.

5 Im Laufe und im Rahmen der notwendigen Auflösung der ursprünglichen Einheit mit der Mutter (und später auch mit den Eltern bzw. Elternersatzfiguren) entstehen bei jedem Menschen Gefühle von Ohnmacht und Hilflosigkeit, die eine beträchtliche Labilisierung der »narzißtischen Homöostase« bedeuten. Um diese zu kompensieren und allmählich zu überwinden, bildet das Kleinkind nach Kohut ein besonderes Selbstbild, welches er das »grandiose Selbst« genannt hat, d. h. ein vorübergehend irreal überwertiges Selbstbild. Zum zweiten idealisiert das Kleinkind die Eltern, um sozusagen auch über diesen Weg, wenigstens vorübergehend, durch die Anteilnahme an der Macht und Güte der Eltern sich sicher zu fühlen. Allerdings muß im Laufe einer normalen Entwicklung das »grandiose Selbst« realitätsgerecht umgewandelt und überwunden werden; auch die idealisierten Elternbilder müssen ebenfalls korrigiert und introjiziert werden, wodurch reifere Organisationsformen der narzißtischen Selbstregulation entstehen. Diese Entwicklungen können aus verschiedenen Gründen verhindert werden, wodurch später die »narzißtischen Störungen« entstehen. Im Rahmen der psychoanalytischen Behandlung solcher Störungen entwickeln die Patienten Übertragungsformen, die sich von den Übertragungen bei den Psychoneurosen unterscheiden und die eigentlich die therapeutische Wiederbelebung des damaligen Zustandes, also die Aktivierung

der idealisierten Elternbilder und des grandiosen Selbst bedeuten. Kohut hat diese Formen der Übertragung bei narzißtisch gestörten Patienten genau und detailliert beschrieben. Er unterscheidet einmal die therapeutische Aktivierung des idealisierten Elternbildes, also die idealisierende Übertragung, und zweitens die therapeutische Aktivierung des grandiosen Selbst. Diese letztere, von Kohut auch Spiegelübertragung genannt, findet in drei Formen statt, die sich auf spezifische Entwicklungsstadien des grandiosen Selbst beziehen:

»1. in einer archaischen Form, in der das Erlebnis des eigenen Selbst des Analysanden den Analytiker einschließt; sie soll als Verschmelzung durch Ausdehnung des grandiosen Selbst bezeichnet werden;

2. in einer weniger archaischen Form, bei der der Patient annimmt, daß der Analytiker wie er selbst sei oder daß der seelische Zustand des Analytikers dem seinen ähnlich ist; sie soll Alter-Ego-Übertragung oder Zwillings-Übertragung genannt werden;

3. in einer noch weniger archaischen Form, in der der Analytiker als getrennte Person erlebt wird, die für den Patienten aber nur hinsichtlich der Bedürfnisse von Bedeutung ist, die von dessen therapeutisch reaktiviertem grandiosen Selbst stammen. Hier ist die Bezeichnung Spiegelübertragung am treffendsten und wird deshalb wieder verwendet« (Kohut, 1969, S. 331).

Interessant im Hinblick auf Aspekte der institutionalisierten Abwehr sind auch folgende Ausführungen Kohuts: »Das Christentum versucht die Manifestationen des grandiosen Selbst zu zügeln, wohingegen es narzißtische Erfüllung im Bereich einer Verschmelzung mit dem omnipotenten Selbstobjekt, der göttlichen Figur Christi, offenläßt. Andererseits tendiert der gegenwärtige materialistische Rationalismus der westlichen Kultur dazu, die traditionellen Formen der institutionalisierten Beziehungen zu idealisierten Objekten verächtlich zu machen oder (z. B. in der Sphäre des militanten Atheismus) zu verbieten, wohingegen er der Erhöhung und Vergrößerung des Selbst mehr Freiheit gewährt« (1973, S. 517).

Literatur

Bateson, G., D. D. Jackson, Jay Haley u. a., *Schizophrenie und Familie*, Frankfurt: Suhrkamp 1974.

Beckmann, D., H. Müller-Braunschweig, G. Plaum, »Forschung in der Psychoanalyse«, in: *Klinische Psychologie II*, hg. von Schraml und Baumann, Bern: Huber 1974.

Beer, F., *Peace against War*, San Francisco: W. H. Freeman and Co. 1981.

Berne, E., *Spiele der Erwachsenen*, Reinbek: Rowohlt 1967.

Bion, W. R., »Experience in groups and other papers«, in: *Tavistock Publications*, London 1961.

Bühl, W., »Institution«, in: *Lexikon zur Soziologie*, hg. von Fuchs, Klima, Lautmann, Rammstedt, Wienhold, Opladen: Westdeutscher Verlag 1973.

Clausewitz, C. von, *Vom Kriege*, Frankfurt: Ullstein 1980.

Cremerius, J., S. O. Hoffmann, W. Trimborn, *Psychoanalyse, Über-Ich und soziale Schicht*, München: Kindler 1979.

Dechêne, H., *Verwahrlosung und Delinquenz. Profil einer Kriminalpsychologie*, München: UTB – Fink 1975.

Ebel, Th., *Abweichende Meinungen zum Falkland-Krieg*, München: Resultate Verlag 1982.

Eckensberger, D., P. Fürstenau, W. Krege, K. Spangenberg, »Veränderungsstrategien in Institutionen«, in: *Gruppendynamik* (1971), S. 339-434.

Eddy, P., M. Linklater, P. Gillmann, *Der Krieg vor den Toren der Antarktis*, Stuttgart: Seewald 1984.

Eibl-Eibesfeld, I., *Krieg und Frieden aus der Sicht der Verhaltensforschung*, München: Piper 1984 a.

Eibl-Eibesfeld, I., *Die Biologie des menschlichen Verhaltens. Grundriß der Humanethologie*, München: Piper 1984 b.

Erdheim, M., *Die gesellschaftliche Produktion von Unbewußtheit*, Frankfurt: Suhrkamp 1984.

Fornari, F., *Psicanalisi della guerra*, Mailand: Feltrinelli 1966 (englisch: *The Psychoanalysis of War*, New York: Anchor 1974).

Foudraine, J., »Wer ist aus Holz?«, in: *Neue Wege der Psychiatrie*, München: Piper 1974.

Framo, J., »Das Wesen der Symptome aus familientransaktioneller Perspektive«, in: *Handbuch der Ehebehandlung*, hg. von J. Sager und H. Singer Kaplan, Bd. II, S. 329-474, München: Kindler 1972.

Freud, A., *Das Ich und die Abwehrmechanismen* (1936), München: Kindler 1964.

Freud, S., »Die kulturelle Sexualmoral und die moderne Nervosität«, in: *GW*, Bd. VII, 1908.
Freud, S., *Totem und Tabu*, in: *GW*, Bd. IX, 1912/13.
Freud, S., »Zur Einführung des Narzißmus«, in: *GW*, Bd. X, 1914.
Freud, S., *Massenpsychologie und Ich-Analyse*, in: *GW*, Bd. XIII, 1921.
Freud, S., »Die Zukunft einer Illusion«, in: *GW*, Bd. XIV, 1927.
Freud, S., »Das Unbehagen in der Kultur«, in: *GW*, Bd. XIV, 1930.
Fromm, E., *Die Furcht vor der Freiheit*, Frankfurt: EVA 1972.
Fromm, E., *Werke*, Bd. VII, Stuttgart: DVA 1980.
Gadamer, H. G., P. Vogler (Hg.), *Neue Anthropologie*, Bd. 3, *Sozialanthropologie*, Stuttgart: Thieme 1972.
Gehlen, A., *Der Mensch. Seine Natur und seine Stellung in der Welt*, Frankfurt: Akademische Verlagsgesellschaft Athenaion [10]1974.
Grinberg, L., M. Langer, E. Rodrigué, *Psychoanalytische Gruppentherapie*, Stuttgart: Klett 1960.
Heigl-Evers, A., *Konzepte der analytischen Gruppenpsychotherapie*, Göttingen: Vandenhoeck & Ruprecht 1972.
Henseler, H., *Narzißtische Krisen*, Reinbek: Rowohlt 1974.
Hofstätter, P., *Psychologie*, Frankfurt: Fischer 1957.
Hofstätter, P., »Strafe und Verwerfbarkeit in sozialpsychologischer Sicht«, in: *Sexualität und Verbrechen*, hg. von Bauer, Bürger-Prinz, Giese, Jäger, Frankfurt: Fischer 1963.
Jacobson, E., *Psychotischer Konflikt und Realität*, Frankfurt: Fischer 1972.
Jenkins, S., in: *Die Zeit* 18, 24. April 1987, S. 13.
Kernberg, O., »Borderline Personality Organization«, in: *Journal of the American Psychoanalytic Association* 15 (1967), S. 641-685.
Kohut, H., »Die psychoanalytische Behandlung narzißtischer Persönlichkeitsstörungen«, in: *Psyche* 23 (1969), S. 321-348.
Kohut, H., »Überlegungen zum Narzißmus und zur narzißtischen Wut«, in: *Psyche* 27 (1973 a), S. 513-554.
Kohut, H., *Narzißmus*, Frankfurt: Suhrkamp 1973 b.
Laing, R., *Das geteilte Selbst*, Köln: Kiepenheuer & Witsch 1972.
Lidz, Th., »Disruptions of Defensive Life patterns and psychosomatic disorders«, in: *John Hopkins Medical Journal* 125 (1969) 5, S. 233-244.
Lorenz, K., *Der Abbau des Menschlichen*, München: Piper 1983.
Mansfield, S., *The Gestalts of War*, New York: Dial. Press 1982.
de Mause, L., *Reagan's America. Fantasy Wars*, Basel-Frankfurt: Stroemfeld/Roter Stern 1984.
Mentzos, S., *Neurotische Konfliktverarbeitung*, Frankfurt: Fischer 1985.
Mentzos, S., »Neue psychoanalytische Aggressionskonzepte«, in: *Literatur und Aggression*, hg. von Cremerius, J. u. a., Freiburg: Königshausen und Neumann 1987.
Miller, A., *Am Anfang war Erziehung*, Frankfurt: Suhrkamp 1980.

Mitscherlich, A., *Auf dem Wege zur vaterlosen Gesellschaft*, München: Piper 1963.
Moser, U., »Modellkonstruktion im Bereich der klinischen Psychologie«, in: *Klinische Psychologie II*, hg. von Schraml und Baumann, Bern: Huber 1973.
Pagès, M., »Neue Bemerkungen über das affektive Leben der Gruppen«, in: *Gruppendynamik* 5 (1974), S. 104-125.
Passet, P., E. Modena (Hg.), *Krieg und Frieden aus psychoanalytischer Sicht*, Basel: Stroemfeld/Roter Stern 1983.
Pilgrim, V. E., *Muttersöhne*, Düsseldorf: Claassen 1986.
Richter, H.-E., *Eltern, Kind und Neurose*, Stuttgart: Klett 1963.
Richter, H.-E., *Patient Familie. Entstehung, Struktur und Therapie von Konflikten in Ehe und Familie*, Reinbek: Rowohlt 1970.
Rosenbaum, M., »Peptic Ulcer«, in: *Comprehensive Textbook Psychiatry*, hg. von Freedman, A. und H. Kaplan, Baltimore: Williams and Wilking Co. 1967.
Sandler, J. und W. G. Joffe, »Die Persistenz in der psychischen Funktion und Entwicklung mit besonderem Bezug auf die Prozesse der Fixierung und Regression«, in: *Psyche* 21 (1967), S. 138-151.
Schmidbauer, W., *Vom Es zum Ich*, München: List 1975.
Schmölders, G., in: Gadamer, H. G., P. Vogler (Hg.), *Neue Anthropologie*, Bd. 3; *Sozialanthropologie*, Stuttgart: Thieme 1972.
Sperling, S. J., »On Denial and the Essential Nature of Defence«, in: *International Journal of Psychoanalysis* 39 (1958), S. 25-38.
Tinker, H. (Hg.), *Das kurze Leben des Leutnants zur See Davis Tinker*, Reinbek: Rowohlt 1984.
Vaillant, P., »Theoretical Hierarchy of Adaptive Ego Mechanisms«, in: *Archives of General Psychiatry* 25 (1971), S. 107.
Volkan, V. D., *Cyprus-War and Adaptation. A Psychoanalytic History of Ethnic Groups in Conflict*, Charlottesville, VA.: University Press of Virginia 1979.
Wahl, H., *Narzißmus?*, Stuttgart: Kohlhammer 1985.
Watzlawick, P., *Menschliche Kommunikation*, Bern: Huber 1974.
Wickler, W., *Das Prinzip Eigennutz*, München: dtv 1981.
Willi, J., »Zur Psychopathologie der hysterischen Ehe«, in: *Nervenarzt* 41 (1970), S. 157-165.
Willi, J., »Die Kollusion als Grundbegriff für die Ehetherapie«, in: *Gruppendynamik* 6 (1972), S. 147-154.
Willi, J., »Die angstneurotische Ehe«, in: *Nervenarzt* 43 (1972), S. 399-408.

Register

Die kursiv gedruckten Seitenzahlen beziehen sich auf Textstellen, in denen der Begriff ausführlicher behandelt oder definiert wird.

Suhrkamp Verlag GmbH
Torstraße 44, 10119 Berlin
info@suhrkamp.de
www.suhrkamp.de